CYNNWYS

1.	Y salwch	6
2.	Colli pwysau	18
3.	Y daith i'r Alpe d'Huez	24
4.	Sut i fod yn ffan	28
5.	Y tymor rasio	35
6.	Fy hoff fynyddoedd ar y Tour de France	52
7.	Fy hoff feicwyr	58
8.	Beicio yng Nghymru	62
9.	Beicwyr enwog o Gymru	69
10.	Beth yw beicio?	77
11.	Rhai termau beicio	88
12.	Y gyfrinach	92
Atodiad: Dyddiadau'r tymor rasio		95

1

Y salwch

DDYLWN I DDIM FOD wedi teipio'r geiriau 'pulmonary embolism' i mewn i Google. Roeddwn i wedi bod yn yr ysbyty am dair noson ar ôl cael clots yn fy nghoesau. Fe wnaethon nhw symud i fyny fy nghorff ac i mewn i fy ysgyfaint. Roeddwn i eisiau gwybod mwy am fy nghyflwr, ond roeddwn yn difaru ar ôl dechrau chwilio.

Dechreuodd y boen ddychrynllyd yn sydyn wrth i fi godi i fynd am fy ngwely un noson ym mis Mawrth 2011. Poen yn fy ysgwydd ddaeth gyntaf, ond o fewn munudau roedd fel pigyn o dan fy mron. Roeddwn i'n ymladd am fy ngwynt a gyrrais i Ysbyty Gwynedd i gael asesiad brys. A bod yn onest, roeddwn i'n meddwl 'mod i'n cael trawiad ar fy nghalon, ond roedd y meddygon yn gwybod yn well. Roeddwn wedi cael *deep vein thrombosis* (DVT) unwaith cyn hynny, a dyna beth oedd y diagnosis unwaith eto. Ar ôl pigiadau, sgans a phrofion eraill, clywais y geiriau *pulmonary embolism* am y tro cyntaf.

A dweud y gwir, wnes i ddim meddwl bod y peth yn ddifrifol o gwbl. Roeddwn i wedi dioddef o DVT o'r blaen ac roedd siot o *heparin* a mis o dabledi *warfarin* wedi cael gwared arno. Ond roedd hyn yn

Ar dy feic

PHIL STEAD

CYNGOR LLYFRAU CYMRU

ISBN: 978 1 78461 112 5
Argraffiad cyntaf: 2015

Mae'r prosiect Stori Sydyn/Quick Reads yng Nghymru
yn cael ei gydlynu gan Gyngor Llyfrau Cymru
a'i gefnogi gan Lywodraeth Cymru.

Argaffwyd a chyhoeddwyd gan
Y Lolfa, Talybont, Ceredigion SY24 5HE
gwefan www.ylolfa.com
e-bost ylolfa@ylolfa.com
ffôn 01970 832 304
ffacs 832782

wahanol. Roeddwn i mewn poen drwy'r amser, ac roeddwn i'n dal i frwydro am fy anadl rai dyddiau yn ddiweddarach. Roeddwn i mor wan fel bod raid iddyn nhw fy ngwthio o gwmpas yr ysbyty mewn cadair olwyn. Doeddwn i ddim yn hollol siŵr beth oedd ystyr *pulmonary embolism* (PE), felly Google amdani.

Rydw i'n dal i gofio darllen geiriau adroddiad clinigol o Minnesota ar yr iPad. Ar ôl ymchwilio i achosion o *pulmonary embolism* mewn un talaith yn yr Unol Daleithiau, dyma'r ystadegau dychrynllyd: 'One year survival rates for patients with pulmonary embolism & Deep Vein Thromobosis were 47.7%.'

Dechreuais chwysu a theimlo'n oer yr un pryd. Roeddwn i'n meddwl y byddwn i'n debygol o farw pe bai'r ddau glot yn tyfu. Yn sydyn iawn roeddwn i'n teimlo pob poen yn fy nghorff. Galwais am y nyrs.

Ar ôl tawelu, fe ges i wybod bod gen i lawer gwell siawns na'r rhan fwyaf am eu bod nhw'n marw cyn i'r clots gael eu darganfod. Roeddwn i wedi bod yn lwcus i gael diagnosis buan. Ond, er gwaethaf hynny, fe es i drwy broses o asesu fy mywyd. Mae bod yn agos at farw yn gwneud i ddyn feddwl. Roeddwn i wedi treulio dros ugain mlynedd yn yfed gormod, bwyta gormod a gwylio pêl-droed yn lle gwneud ymarfer corff. Roeddwn i wedi bod yn ŵr ifanc heini, ond heb i fi sylweddoli, roeddwn i wedi mynd yn dewach ac yn dewach. Erbyn 2010 roeddwn i'n pwyso 20 stôn, a dim ond 5 troedfedd 8 modfedd ydw i.

Gorweddais yng ngwely'r ysbyty a dechrau meddwl yn ddwys. Roedd gen i ddigon o amser i ystyried pethau. Pe bawn i'n marw rŵan, beth faswn i'n difaru peidio â'i wneud? Yn rhyfeddol, daeth un peth i'r meddwl yn syth. Beicio. Fe ddylwn i feicio mwy. Dyna beth fyddai'n fy ngwneud i'n hapus, felly pam na fyddwn i'n gwneud mwy ohono?

Doeddwn i erioed wedi bod yn rhan o'r byd beicio. Doedd gan neb yn fy nheulu unrhyw ddiddordeb mewn beiciau, a doeddwn i ddim yn adnabod neb yn Ysgol Cantonian High, Caerdydd, oedd yn rhan o'r byd hwnnw chwaith. Doedd pobl yn y byd chwaraeon ddim yn cymryd beicio o ddifri fel camp. Roedd rhai o fy ffrindiau wedi reidio beic Chopper ac wedyn Grifter ond ches i ddim beic tan 'mod i'n 14 oed, pan gyrhaeddodd beic rasio 3-gêr BMA ar fore Nadolig 1981.

Yn sydyn iawn, am y tro cyntaf, roedd gen i ryddid i deithio. Dyna beth sydd mor arbennig am feicio. Roedd y teimlad cyntaf o droi'r pedalau ac yna symud yn wych. Mae beicio yn cynnig i blentyn ei brofiad cyntaf o allu teithio ar ei ben ei hun. Rydw i'n dal i brofi'r wefr i ryw raddau hyd heddiw. Mae 'na rywbeth hudol am feicio.

Yn 14 oed, fe fyddwn i'n seiclo i fyny'r allt i chwarae yn yr ysgol bob dydd. Wedyn, pan oeddwn i'n hŷn, byddwn yn beicio'n bellach i weld Granny

Stead yn Tonysguboriau. Byddwn i'n teithio ar hyd yr A4119, Ffordd Llantrisant, o Gaerdydd yn sêt gefn y car yn aml, ond roedd yn rhyfedd iawn gwneud y siwrne am y tro cyntaf ar fy mhen fy hun ar gefn beic. Roedd popeth yn edrych yn gyfarwydd ond eto mor wahanol o sêt y beic. Dydi o ddim yn beth cyffredin gadael i fachgen mor ifanc feicio mor bell ar ei ben ei hun y dyddiau hyn. Ond roedd llai o draffig, a'r byd yn lle mwy diniwed yn y 1980au.

Ar ôl dechrau gweithio yn siop Cardiff Sportsgear ar ddyddiau Sadwrn, defnyddiais rywfaint o fy nghyflog i brynu beic Raleigh Touriste o siop Reg Braddick yn Stryd Broadway, y Rhath. Dechreuais deithio'n bellach, gyda *panniers* llawn dillad ar y rac ôl. Fe es i ar wyliau i Lydaw. Teithiais ar hyd Cymru, o Borthaethwy i Gaerdydd.

Daeth beiciau mynydd yn boblogaidd ar ddechrau'r 1990au, ond doeddwn i ddim eisiau un o'r rheini. Rywsut, er nad oeddwn yn rhan o'r byd beicio ar y ffordd, roeddwn yn rhannu eu rhagfarn. Roeddwn i'n gwrthod reidio rhyw feic gwirion â theiars trwchus, a doedd beicwyr mynydd ddim hyd yn oed yn gwisgo Lycra. Ddim beicio go iawn oedd beicio mynydd i fi, ond rhywbeth i lenwi amser hamdden i bawb. Roeddwn i'n snob beicio!

Fe gwrddais â merch, ac fe ddechreuon ni ganlyn. Fe fyddai hi'n mynd i feicio mynydd gyda'i ffrindiau tra byddwn i'n mynd allan ar fy mhen fy hun ar y ffordd. Pan ofynnais iddi fy mhriodi

9

am y tro cyntaf, doedd hi ddim fel petai ar frys i drefnu dyddiad. Felly, prynais feic mynydd Orange C16R yn lle modrwy briodas! Roedd yn feic tlws, a byddwn yn ei gadw yn yr ystafell wely i atgoffa fy nghariad o'i phenderfyniad gwirion. Mae'r beic yn dal i fod gen i, ac rydw i'n dal i fyw efo'r un ferch hefyd!

Mae beicwyr yn dweud, os ydi'ch perthynas yn gallu goroesi wythnos o rannu beic tandem, yna fe ddylech chi briodi. Felly, fe ges i fenthyg hen feic tandem, ac ar ôl haf llawn o hwyl, yn cynnwys pythefnos yn Llydaw, ac ambell ddamwain, roedden ni'n dal i fod yn ffrindiau. Fe wnaethon ni briodi yn 1998, ac ar ôl 16 o flynyddoedd a thri o blant rydyn ni'n dal i feicio ychydig gyda'n gilydd. Mae 'na ddywediad arall yn y byd beicio sy'n rhoi cyngor i blant: 'Os ydych chi ar goll, gofynnwch i feiciwr!' Dyna'r cyngor rydw i'n ei roi i fy mhlant fy hun hefyd. Yn fy mhrofiad i, fel arfer rydych chi'n gallu dibynnu ar bobl y beics.

Roeddwn i'n beicio'n rheolaidd yn y 1990au ond doeddwn i ddim yn gwella fel beiciwr. Ar ôl tair blynedd o fyw fel myfyriwr roeddwn i'n pwyso 15 stôn. Rydw i'n cofio fy ffrindiau'n chwerthin wrth i fi wisgo fy nillad beicio – top gwlân tîm Panasonic a shorts Lycra. Doedd dim llawer o seiclwyr yn gwisgo *kit* beicio'r adeg honno. Mae'n rhyfedd meddwl am y peth y dyddiau hyn, ond doedd neb roeddwn i'n ei nabod yn beicio o ddifrif.

Yn llythrennol, neb, a doedd dim clwb beicio yn y coleg hyd yn oed.

Prynais fy meic rasio cyntaf go iawn o siop newydd yn Cathays, sef Cyclopedia. Roedd ffrâm y beic wedi'i hadeiladu gan ddwylo'r crefftwr Brian Rourke o Stoke, ac roedd darnau o offer sgleiniog, arian Campagnolo yn gwneud iddo edrych yn smart. Roeddwn i wedi syrthio mewn cariad â'r beic, ac roedd y pris o £500 yn fargen. Dyma'r beic fyddai'n fy newid i fod yn feiciwr go iawn. Rydw i'n cofio'r tro cyntaf i fi eistedd arno, a theimlo fel petawn i mewn car rasio Ferrari ar ôl gyrru Fiesta. Fe rois fy nhroed ar y pedal, a chyn iddo gwblhau'r cylch, roedd y beic wedi saethu ymlaen. Ar ôl pedlo ychydig mwy, roeddwn i'n mynd mor gyflym â'r gwynt. Chwarddais yn uchel yng nghanol Stryd Fanny.

Fe es i allan am reid am y tro cyntaf gyda chlwb newydd, Cardiff JIF (Just in Front). Roeddwn i'n cael trafferth i ddilyn y seiclwyr eraill o'r funud gyntaf. Roedden nhw wedi fy ngadael o fewn milltir, cyn i ni gyrraedd diwedd Ffordd yr Eglwys Newydd. Doedd hyn ddim yn argoeli'n dda, felly, es ati i chwilio am glwb 'araf nad oedd yn mynd yn rhy bell'. Awgrymodd Ian o'r siop y dylwn gysylltu â chlwb Cardiff 100 Milers.

Fe wnaeth y reid gyntaf honno agor fy llygaid. Fe gwrddais ag aelodau'r clwb ym maes parcio trac beicio'r Maendy, ac roeddwn yn siomedig i weld eu bod i gyd yn eu hoed a'u hamser. Roedd rhai'n reidio gyda *saddlebags* mawr a gardiau olwyn hyd yn oed. Nid dyma roeddwn yn ei feddwl pan ofynnais am glwb araf – clwb geriatrig oedd hwn, ond roedd hi'n rhy hwyr i droi 'nôl.

Dechreuon ni drwy feicio i fyny'r A470. Fe ges i fy nychryn braidd gan mai ar hyd ffyrdd distaw roeddwn i wedi arfer teithio. Roedd rhes ohonon ni, fesul dau, yn symud yn reit gyflym o'r dechrau. Roeddwn i yn y cefn a doedden nhw ddim eisiau i fi symud i'r blaen am ryw reswm. 'Fe fyddi di'n iawn ar y cefn, pal,' mynnodd yr arweinydd. Wel, ar ôl gweld un hen ddyn gwallt gwyn ar ôl y llall yn cymryd ei dro ar y blaen cyn sbinio 'nôl, roeddwn i'n benderfynol o gymryd fy nhro. Gwelais fy nghyfle a thrwy'r bwlch â fi i rannu'r gwaith gyda'r pensiynwyr.

Bang! Fe wnaeth y gwynt fy mwrw 'nôl yn syth. Roedd fel taro wal frics. Yr eiliad honno, fe wnes i ddeall popeth am feicio ar y ffordd yn llawer mwy clir. Roeddwn i wedi bod yn gwylio'r Tour de France ers blynyddoedd, ond dyna pryd deallais i pa mor bwysig oedd osgoi'r gwynt. Dysgais hefyd y dylwn barchu beicwyr profiadol, oedd â miloedd o filltiroedd yn eu coesau. Mae'n rhaid fod fy niffyg parch yn amlwg. Doedd y bois yma ddim am gynnig diwrnod cyntaf hawdd i fi ac aeth y daith yn ei blaen am 73 o filltiroedd, gan gynnwys mynyddoedd serth y Rhigos a'r Bwlch. Roedd fy nghoesau'n teimlo fel darnau o blwm. Fel llawer iawn o feicwyr eraill ar ôl ei reid gyntaf gyda chlwb newydd, es i ddim yn ôl.

Mae'n dal yn wir ei bod yn anodd i rywun ddechrau gyda chlwb sy'n llawn beicwyr profiadol. Mae angen amynedd a bod yn bengaled i rywun fynd yn ôl yr ail waith os nad oedd y profiad cyntaf yn un da. Ar hyn o bryd, rydw i'n aelod o glwb sy'n cynnig reid hawdd i feicwyr newydd bob mis. Mae hynny'n bwysig iawn, yn fy marn i.

* * *

Collais ddeg mlynedd o chwaraeon ar ôl cael gwaith gyda Chwmni Opera Cenedlaethol Cymru. Roedd y swydd yn ddifyr ac amrywiol iawn. Roeddwn i'n gwneud dwy swydd mewn gwirionedd. Roeddwn i'n gweithio fel rheolwr llwyfan y gerddorfa, ac yn ymweld â lleoliadau gwahanol i baratoi ar gyfer y cyngherddau. Byddwn i'n gwagio'r lorri anferth, yn gosod y llwyfan ac yna'n rhoi pob dim yn ôl ar ôl y cyngerdd. Hefyd, fe fyddwn i'n gweithio fel llyfrgellydd cerdd ar daith, yn cydweithio gydag arweinwyr byd-enwog i wneud newidiadau i'r gerddoriaeth pe bai angen pan fyddai'r cwmni ar daith.

Roeddwn i'n byw bywyd roc-a-rôl, gyda llawer iawn o deithio. Mae rhywun fel y gitarydd Peredur ap Gwynedd yn teithio'r byd gyda'i feic mewn cês.

13

Bydd Peredur yn manteisio ar bob cyfle i ddiflannu ar ei feic rasio wrth deithio gyda'i fand. Ond doeddwn i ddim mor drefnus, a llwch oedd yn eistedd ar sêt fy meic yr adeg honno, nid fy mhen-ôl. Roeddwn i'n dal i feicio ar hyd elltydd Tongwynlais ar yr hen feic Orange weithiau. Ond byddwn i'n treulio'r rhan fwyaf o'm hamser mewn tafarn neu'n dilyn Clwb Pêl-droed Dinas Caerdydd.

Doedd o ddim yn beth anarferol i fi frifo wrth redeg i fyny ac i lawr grisiau hen theatr gyda stac o gadeiriau ar fy nghefn. Felly, pan golles i'r teimlad yn fy nhraed wrth weithio yn Birmingham un prynhawn yn 1994, es i weld y doctor, ac mae'n debyg fy mod i wedi taro un o'r nerfau yn fy nhraed.

Ond ddaeth y teimlad ddim yn ôl i 'nhraed, ac aeth y broblem yn llawer gwaeth. O fewn ychydig wythnosau roedd fy nghorff fel petai wedi mynd yn ddifywyd ac wedi rhewi o dan fy mol, yr holl ffordd i lawr i fysedd fy nhraed. Ond ches i ddim triniaeth, a bu'n rhaid i mi gael benthyg *crutches* gan ffrind i symud o gwmpas. O'r diwedd, ar ôl misoedd, fe ges i sgan MRI a chael gwybod 'mod i wedi cael niwed i'r hyn sy'n amddiffyn nerfau'r asgwrn cefn. Roeddwn i'n dioddef o gyflwr prin iawn, sef *transverse myelitis*. Rhyw fath o *sclerosis* yw hwn ac mae'n effeithio ar rywun mewn pob math o ffyrdd, ac yn gadael rhai mewn cadair olwyn. Roedd yn debygol, medden nhw, 'mod i wedi dioddef symptomau cyntaf MS (*multiple sclerosis*).

Yn ffodus iawn dydw i ddim wedi cael pwl arall, ond mae wedi achosi rhai problemau i mi yn ei sgil dros y blynyddoedd. Roeddwn i'n methu eistedd heb gwympo, er enghraifft. Doedd dim cryfder gen i yng ngwaelod fy nghefn. Ac ers ugain mlynedd dydw i ddim yn gallu cerdded yn bell heb deimlo poen. Mae rhedeg yn amhosib. Diolch byth, roeddwn i'n dal i allu beicio, ond un o'r pethau sy'n dal i fy mhoeni ydi'r teimlad o goesau trwm. Pan fydda i ar gefn beic mae'n anodd gwybod ydi fy nghoesau wedi blino go iawn, neu ai'r cyflwr sy'n fy mhoeni. Beth bynnag, rydw i'n hollol siŵr fod *transverse myelitis* wedi cael effaith andwyol ar fy ffitrwydd.

Roeddwn i'n dal i feicio yn fy nhridegau ar ôl gadael fy swydd gyda'r cwmni opera. Byddwn i'n aml yn teithio 'nôl a 'mlaen i fy swyddfa newydd, taith o 25 milltir. Ond roeddwn i angen her. Felly, fe wnes i gais am le ar L'Étape du Tour yn 1999. Taith ydi hon sy'n rhoi cyfle i feicwyr amatur reidio yr un ffordd ag un o gymalau'r Tour de France enwog. Ac ar y pryd roedd yn rhaid teithio i Ffrainc i gymryd rhan mewn reid fawr fel hon. Fe wnes i ddechrau ymarfer ar hyd lonydd fflat morfa Casnewydd, a mynd am awr neu ddwy dros elltydd lleol yn achlysurol, gan feddwl ar y pryd 'mod i'n ymarfer yn dda. Ond, wrth edrych yn ôl, dwi'n gallu gweld nad oeddwn yn gwneud hanner digon. Mae angen treulio dyddiau cyfan ar y beic i ymarfer ar gyfer reid mor anodd â L'Étape du Tour. Ond doedd gen i ddim syniad yr adeg honno.

Roedd yr Étape yn daith o 130 o filltiroedd y flwyddyn honno, a finnau'n ei gweld hi'n anodd mynd yn bellach na 50 milltir. Un diwrnod, yn teimlo'n hollol rwystredig nad oedd fy meicio'n gwella, roeddwn i'n benderfynol o wneud 100 milltir am y tro cyntaf erioed. Es i i feicio i gyfeiriad Caer-went am 50 milltir yn union, cyn troi rownd a mynd 'nôl am adre. Naw awr yn ddiweddarach roeddwn i'n cropian drwy ddrws y tŷ. Roeddwn i prin yn medru cerdded am ddyddiau, ac ar ôl gweld ffisiotherapydd, roedd yn rhaid i fi dynnu fy enw o'r Étape. Doeddwn i byth yn mynd i fod yn feiciwr proffesiynol, roedd hynny'n amlwg.

Roedd y penderfyniad i beidio â beicio ar daith yr Étape wedi lladd fy ngobeithion o fod yn feiciwr go iawn. Roedd Mair yn disgwyl ein mab cyntaf, ac o fewn pedair blynedd roedd ganddon ni dri o blant. Ar ôl symud i'r gogledd prynais feic newydd, ond chafodd y beic Dolan ddim ei ddefnyddio am flynyddoedd. Roedd o'n rhy sydyn, yn rhy ymosodol ac yn anghyfforddus. Roeddwn i mor fawr, ac yn edrych fel gorila yn reidio beic bach mewn syrcas. Am ddeg mlynedd wnes i ddim mwy na theithio'n hamddenol ar hyd lonydd beicio gyda'r plant. Doedd beicio ddim yn rhan o 'mywyd i ym mis Mawrth 2011 – y noson honno pan oeddwn i'n eistedd yn fy nghadair gyfforddus yn yfed gwin ac yn teimlo'r boen gyntaf yn codi yn fy ysgwydd.

Ond dyma fi, yn gorwedd mewn gwely yn yr ysbyty ac yn meddwl am feicio unwaith eto. Pe bawn i'n llwyddo i adennill fy nerth, byddai'n rhaid i mi gymryd beicio o ddifrif. Doedd hi ddim yn bosib gwybod ar y pryd pa mor iach fyddwn i ar ôl y driniaeth. Efallai y byddai gen i gleisiau mewnol ar ôl y clots, ac roedd fy nghalon wedi dioddef hefyd o dan y straen. Ond mi wnes addewid i mi fy hun – pe bawn i'n gwella, byddwn i'n dringo mynydd yr Alpe d'Huez, un o fynyddoedd enwog y Tour de France.

2

Colli pwysau

AR ÔL DOD ADREF o'r ysbyty, roeddwn i'n wan am gyfnod hir. Roedd hi'n anodd cerdded i fyny'r grisiau – dim ond un cam ar y tro a gafael yn dynn yn y canllaw. Fe wnes i golli pwysau hefyd. Doeddwn i ddim yn gallu yfed llawer a doedd arna i ddim awydd bwyta chwaith. Ond am y flwyddyn gyntaf roedd arna i ofn ymarfer. Sut gyflwr oedd ar fy nghalon erbyn hyn? Defnyddiais esgusodion fel gwendid yn fy mhengliniau i osgoi ymarfer. Roedd sgan wedi dangos niwed i'r cartilag oherwydd henaint a'r ffaith 'mod i wedi cario gormod o bwysau dros y blynyddoedd diwethaf. Roeddwn i'n dal i anadlu'n drwm wrth gerdded a doedd fy nghorff yn werth dim.

Pan feddyliais am fynd allan ar y beic am y tro cyntaf, bron i flwyddyn ar ôl cael y clots (*pulmonary embolism*), roeddwn i wedi colli tipyn o bwysau. Ond mae 18 stôn yn dal yn drwm iawn i reidio beic. Yn wir, bydd unrhyw un sydd wedi bod mor dew â fi'n cytuno ei fod yn gallu codi cywilydd wrth feicio'n gyhoeddus. Rydych chi'n symud yn araf, ac yn edrych yn wirion mewn Lycra. Felly, roeddwn i'n tueddu i wisgo dillad addas i bicio i'r siop yn hytrach na dillad ymarfer wrth feicio.

18

Pan fyddai hen ddynes â basged ar flaen ei beic yn hedfan heibio i mi, doedd dim rhyfedd 'mod i'n teimlo mor ymwybodol o 'mhwysau.

Am flynyddoedd, roeddwn i wedi gwahardd fy hun rhag mynd ar fy meic lôn – y beic y byddwn i'n ei reidio ar y ffordd – tan roeddwn i'n pwyso llai na 15 stôn. Roedd yn darged da, a'r wobr fyddai mynd allan ar y beic lôn smart yn lle'r hen feic mynydd araf.

Ond y tro yma, roeddwn am anelu at wobr wahanol. Wrth orwedd yng ngwely'r ysbyty, sylweddolais mor fyr yw bywyd. Roeddwn i wastad wedi bod yn hoff iawn o feiciau Bianchi, brand Eidalaidd enwog a'r cwmni gwneud beiciau hynaf yn y byd. Mae lliw glas golau (*celeste*) eu beiciau yn unigryw. Roedd rhai o fy hoff feicwyr, fel Fausto Coppi, Felice Gimondi ac yn enwedig Marco Pantani, wedi reidio beiciau Bianchi. Dyna'r beic roeddwn i wedi ysu am ei brynu erioed, ond doeddwn i ddim yn teimlo'n ddigon athletaidd, nac yn ddigon da. Mae reidio beic Bianchi fel gwisgo sgidiau pêl-droed pinc. Un ai rwyt ti'n feiciwr da, neu does dim ots gen ti beth mae pobl yn ei feddwl ohonot ti. Roeddwn i'n perthyn i'r ail gategori. Damia nhw! Byddai'n rhaid i fi wella, yna colli pwysau i fod yn 14 stôn, ac wedyn prynu beic Bianchi.

Dechreuais ar gefn yr hen feic Orange. Mae 'na gylch o lonydd cefn yn agos i'r tŷ, a dyna lle byddwn i'n ymarfer. Doeddwn i ddim yn debygol o weld unrhyw un roeddwn i'n ei adnabod, a doedd dim llawer o geir ar y ffordd chwaith. Dim ond chwe milltir oedd y cylch, ond pan ddechreuais feicio eto byddai'n cymryd rhyw 45 munud i fi wneud y daith. Byddwn i hefyd yn defnyddio beic ymarfer yn y tŷ. Doeddwn i ddim yn gweithio'n galed iawn ond fe wnes i wylio pob pennod o *The Wire* wrth eistedd a sbinio fy nghoesau. Dim ond tua 300 calori fyddwn i'n eu llosgi bob nos, ond roedd hynny'n help i gryfhau fy nghoesau. Cyrhaeddais y targed o 14 stôn erbyn mis Mehefin 2012. Felly, prynais feic fy mreuddwydion. Prynais y Bianchi!

Fe wnaeth y beic newydd danio rhyw deimlad yndda i. Byddwn i'n deffro bob dydd yn meddwl am ddim byd ond am golli pwysau a beicio. Rhwng mis Chwefror a mis Gorffennaf 2012, fe gollais bum stôn. Gan fy mod i'n pwyso llai na 14 stôn erbyn hynny, lledodd sibrydion o gwmpas y pentref 'mod i'n dioddef o ganser. Roedd pobl eraill yn dweud 'mod i wedi colli 'gormod', ond y pwysau iach, swyddogol ar gyfer rhywun fy nhaldra i ydi 11 stôn 7 pwys. Roeddwn i'n dal i fod ddwy stôn a hanner dros fy mhwysau iach, ond roedd pobl yn dal i feddwl 'mod i'n rhy denau.

Dysgais o'r dechrau na fyddai beicio'n unig yn ddigon i golli pwysau, byddai'n rhaid i mi newid fy neiet hefyd. Mae'n bosib bwyta mwy o galorïau ar gefn beic nag sy'n cael eu llosgi wrth feicio, gan fod beicio'n gwneud i rywun fod eisiau bwyd wrth gwrs. Fe fydda i'n llwgu ar ôl reid hir, a bydd arna i syched ofnadwy hefyd. Felly, roedd angen cynllun arna i.

Roeddwn i wedi colli pwysau cyn hynny drwy ddilyn deiet Atkins. Nid bwyta deiet llawn cig a phrotein sy'n bwysig gyda'r Atkins, ond peidio bwyta llawer o garbohydradau. Roedd y deiet yn llwyddiannus i ryw raddau ac yn ffordd dda o golli pwysau yn sydyn iawn. Ond eto i gyd, doedd Atkins ddim yn gwneud llawer o synnwyr i fi. Yn amlwg, nifer y calorïau oedd yr elfen bwysicaf, yn hytrach na faint o garbohydradau.

Felly, fe wnes i lawrlwytho *app* Weight Watchers. Doeddwn i ddim yn awyddus i fynd i gyfarfodydd na rhannu profiadau gyda grŵp o bobl eraill, felly roedd yr *app* yma'n berffaith. Yn syml iawn, roeddwn yn rhoi manylion fy mwyd yn yr *app*, ac roedd hwnnw'n eu newid yn bwyntiau Weight Watchers. Roedd lwfans o bwyntiau bob dydd ond roedd hi'n bosib ennill pwyntiau ychwanegol drwy wneud ymarfer corff. Roedd hyn yn berffaith i fi. Fe wnes i ddarganfod y gallwn gael gwared ar beint o gwrw drwy seiclo am awr a hanner. Os byddwn yn peidio cymryd llefrith mewn coffi, byddwn i'n gallu yfed potelaid o win bob wythnos. Dydw i ddim wedi yfed llefrith ers dwy flynedd erbyn hyn.

Roedd y beic Bianchi yn teimlo'n ysgafn fel

pluen oddi tanaf wrth i mi feicio ar hyd y lonydd lleol. Un bore, es i fyny i Lanberis i gael cipolwg ar yr allt fyddai'n codi ofn arna i, a theithio drwy Lanberis i waelod Pen-y-pas. Yn rhyfeddol, doedd yr allt ddim yn edrych yn rhy serth, a hanner awr yn ddiweddarach, er mawr syndod i fi, roeddwn i'n sefyll ar ben yr allt. Fe wnaeth hynny roi cymaint o hyder i fi, ac fe gofrestrais i feicio yn Etape Eryri bach, taith o tua 50 milltir o gwmpas Eryri.

Roedd arna i ofn y mynyddoedd uchel o hyd, felly teithiais i Sir Gaer un diwrnod i gymryd rhan mewn reid ar dir gwastad, 100 km (62 milltir) o bellter. Doeddwn i wir ddim yn hyderus o orffen y reid, ond roedd yn rhaid i fi ddechrau yn rhywle. Roeddwn i'n nerfus iawn, yn dechrau yng nghanol yr holl bobl ffit yng Nghlwb Pêl-droed Northwich Victoria. Ond roedd y reid yn llwyddiannus iawn, ac fe wnaeth llawer o feicwyr fy helpu ar y daith. Mae'n rhaid i fi gyfaddef 'mod i wedi mynd yn emosiynol iawn wrth gael paned ar ôl gorffen y reid a sgwrsio â rhyw ddieithryn. Roeddwn i mor falch o'r hyn roeddwn wedi'i gyflawni ac yn benderfynol o ddal ati a chyrraedd yr Alpe d'Huez.

Fe gwrddais ag aelod o Glwb Beicio Menai drwy'r gwaith, a chael cynnig mynd allan am reid gyda nhw. Wrth gofio am fy mhrofiad flynyddoedd cyn hynny gyda'r Cardiff 100 Milers, doeddwn i ddim yn siŵr. Ond roedd y clwb yma'n hollol wahanol. Cafodd ei ffurfio'n benodol ar gyfer rhai sydd eisiau dechrau reidio yn un o gwmni ond sydd ddim yn barod i ymuno â chlwb rasio. Doedd eu teithiau ddim yn hir iawn a doedden nhw ddim yn mynd yn rhy gyflym. Roedd aelodau'r clwb yn help mawr i fi ac yn gefnogol iawn.

Pan ddaeth diwrnod y *sportive* lleol, sef Etape Eryri, roeddwn i'n barod. Wrth gwrs, roedd llawer o feicwyr gwell na fi, yn ifanc ac yn fwy ffit, ond dwi ddim yn meddwl fod 'na neb yn fwy penderfynol na fi wrth gychwyn y bore hwnnw. Beiciais mor galed â phosib am dair awr gyfan a dathlu'r diwedd ar y Maes, Caernarfon, gydag amser rhesymol iawn. Roeddwn i wir ar fy ffordd i'r Alpe d'Huez a theimlwn fod fy salwch drosodd.

3

Y daith i'r Alpe d'Huez

ROEDDWN I'N LLAWN BRWDFRYDEDD ar ôl yr Etape bach yn 2012. Un o'r prif bethau a ddigwyddodd yr adeg honno oedd fy mod wedi dechrau defnyddio gwefan Strava. Mae Strava yn cynnig *app* sy'n cadw cofnod o'ch reids ar eich ffôn neu ddyfais GPS, fel un cwmni Garmin. Mae'n cadw trac o'r pellter, cyflymdra, yr amser, a faint rydych chi wedi'i ddringo yn ystod reid. Ar ôl cyrraedd adref, gall beiciwr uwchlwytho'r manylion am y reid i wefan Strava, a dyna lle mae'r hwyl yn dechrau. Mae'n cynnig cymaint o ystadegau amrywiol, ac un o fy hoff bethau ar ôl reid ydi dadansoddi'r ystadegau'n fanwl.

Ar Strava mae'n bosib creu darn byr neu hir o daith rydych chi wedi'i gwneud neu'n bwriadu ei reidio. Wedyn, mae'n bosib cymharu amser y reid gyda'ch amser gorau chi dros y darn hwnnw, a chymharu eich amser ag amser beicwyr eraill. Doeddwn i ddim yn hoff iawn o gymharu'r cyflymdra gan y byddwn i'n aml ar waelod rhestr y beicwyr oedd wedi cofnodi eu teithiau. Ond roedd yn help mawr i fi weld cymaint roedd y beicwyr gorau yn fy ardal yn ymarfer.

Mae Strava yn bwysig iawn i fi, a fyddwn i ddim

hyd yn oed yn mynd allan ar y beic o gwbwl os na fyddai Strava ar gael i recordio'r reid. Gosodais darged i mi fy hun o feicio 12 awr bob wythnos. Weithiau byddai hyn yn fy ngorfodi i feicio am ychydig oriau'n fwy nag roeddwn i'n awyddus i'w wneud. Bydd Strava yn herio beicwyr hefyd drwy osod ambell sialens, ac weithiau mae'r rhain yn ddigon deniadol i orfodi rhywun i fynd allan. Fe wnes i feicio dros 300 milltir (500 km) yn ystod wythnos Nadolig y llynedd ym mhob math o dywydd. Fel gwobr am yr ymdrech enfawr, fe ges i lwyth o *kudos* a bathodyn cotwm mewn cês smart. Mae cael *kudos* gan feicwyr eraill fel cael 'like' ar Facebook ac mae hynny'n bwysig iawn.

Collais fwy o bwysau ac fe es i i'r Pyrenees ym mis Gorffennaf 2012, yn pwyso 13 stôn a hanner. Doedd yr Alpe d'Huez ddim yn rhan o ras y Tour de France y flwyddyn honno, felly es i gyda fy mêt Tommie Collins i feicio'r Tourmalet, un o'r ffyrdd uchaf ym mynyddoedd y Pyrenees. Doedd gen i ddim syniad pa mor anodd fyddai beicio mynyddoedd mawr y Tour, ond roedd yn anoddach nag roeddwn wedi'i ddisgwyl. Fe ddechreuon ni gyda'r Luz Ardiden, dringfa sy'n enwog am mai yma y disgynnodd Lance Armstrong ar ôl i'w feic gael ei ddal gan fag siopa un o gefnogwr y ras.

Roeddwn i'n eistedd gyda Tommie yn yfed Diet Coke mewn bar y noson cyn dringo'r Tourmalet. Dyna enghraifft berffaith o sut roedd pethau wedi newid. Ychydig flynyddoedd cyn hynny, byddai Tommie a fi wedi mynd am sesh. Ond wyddoch chi beth? Roedd y teimlad ges i ar gopa'r Tourmalet yn llawer gwell ac yn para'n llawer hirach nag unrhyw sesiwn yfed roeddwn i wedi'i fwynhau. Fe es i i fyny yn ddigon araf ac roedd seiclwyr eraill yn fy mhasio yn aml iawn, er fy mod i wedi mynd heibio i ychydig o bobl hefyd. Wnes i ddim stopio unwaith, ac roeddwn i'n teimlo'n gyfforddus yng nghwmni'r Ffrancwyr tenau, athletaidd. Cefais lawer o gefnogaeth gan feicwyr eraill wrth iddyn nhw fy ngweld i'n straffaglu. Roedd hyn mor wahanol i bêl-droed. Roedd rhyw deimlad o berthyn yn y clwb mawr arbennig hwn – Clwb Beicio'r Byd.

Aeth y beicio'n dda ac roeddwn i'n gwybod erbyn hyn y byddai'n bosib i mi ddringo'r Alpe d'Huez. Ond roeddwn i am ohirio hyn gan fod arna i ofn y baswn i'n mynd yn hunan-fodlon ar ôl cyrraedd fy nharged. Roeddwn i wedi llwyddo ym mhob her tan ddiwrnod y Wild Wales Challenge ar ddiwedd tymor 2012. Rydw i'n dal i feddwl mai hon oedd reid anoddaf fy mywyd hyd yn hyn. Doeddwn i ddim wedi ymarfer digon, ac roeddwn i'n cario gormod o bwysau i fod yn gyfforddus. Roedd hi'n fwystfil o reid, heb lawer o gyfle i chi gymryd eich gwynt. Aethon ni dros elltydd mawr ardal y Bala, i lawr i Fachynlleth ac yn ôl dros yr enwog Fwlch y Groes. Bu'n rhaid i fi gerdded i fyny'r allt wirion o serth honno, fel 90 y cant o'r beicwyr eraill. Erbyn diwedd y saith awr o boen roeddwn i wedi dringo 3,000 metr bron, ar gyflymdra o ryw 10 milltir yr awr ar gyfartaledd.

Roedd y targed nesaf yn wahanol. Roeddwn i eisiau seiclo 100 milltir am y tro cyntaf ers dros ddegawd. Llwyddais i wneud hynny ym mis Mai 2013, a theithio mewn cylch mawr o gwmpas Eryri rhwng Caernarfon, Pen Llŷn a Chonwy. Sialens arall wedi'i chwblhau, a tharged arall wedi'i gyrraedd, ac ers hynny rydw i wedi gwneud 'y cant' sawl gwaith.

Fe ges i gyfle o'r diwedd i feicio'r Alpe d'Huez ym mis Gorffennaf 2013. Roedden ni wedi mynd fel teulu i wylio'r Tour de France yn teithio dros yr Alpe ddwy waith yn ystod y ras y flwyddyn honno. Roedd yn her wrth gwrs, ond roeddwn i'n ffyddiog y baswn i'n medru ei gwneud. Wrth gyrraedd y copa, fe ges i deimlad mawr o ryddhad. Ddwy flynedd ar ôl fy salwch roeddwn i wedi cyflawni'r her. Bu'n rhaid i fi newid fy mywyd, ond roedd yn sicr yn werth yr ymdrech. Mewn gwirionedd, rydw i'n ddiolchgar am y ddau glot a deithiodd i fy ysgyfaint i. Oni bai am y clots, faswn i ddim wedi teithio cyn belled ar fy meic. Ac erbyn hyn, roeddwn i wedi colli 7 stôn i gyd ers 2010, pan oeddwn ar fy nhrymaf.

4

Sut i fod yn ffan

FEL LLAWER O'R CHWARAEON llai poblogaidd, mae'n rhaid gweithio'n galed cyn gallu mwynhau gwylio beicio fel ffan. Mae'n braf cael mwynhau'r golygfeydd, rhannu'r ddrama, a gweiddi dros Geraint Thomas neu Nicole Cooke. Ond mae cymaint mwy i'w fwynhau os gwnewch eich ymchwil yn gyntaf, ac mae'n haws deall tactegau rasio o fod wedi rasio eich hun ar unrhyw lefel. Mae'n bosib i unrhyw un fwynhau gwylio beicio, ond mae'n rhaid deall pa mor bwysig yw'r gwynt mewn ras feicio ar y ffordd. Gwaith beicwyr eraill yn y tîm – **domestiques** – yw cadw'r arweinydd allan o'r gwynt. Ac mae sbrintiwr y tîm angen un beiciwr o leiaf i reidio'n sydyn iawn o'i flaen am ran olaf y ras. Ar y funud olaf, bydd y beicwyr eraill yn symud i'r naill ochr er mwyn gadael i'r sbrintiwr fynd am y lein heb rwystr.

Ar ddiwedd ras agored bydd beicwyr unigol mewn grŵp bach yn cystadlu i osgoi bod ar flaen y grŵp cyn cyrraedd y sbrint. Mae rhwng 70 y cant a 90 y cant o'r gwaith beicio yn frwydr yn erbyn y gwynt. Yn rhyfeddol, mae wedi cael ei brofi'n ddiweddar fod cael beiciwr yn dilyn yr olwyn gefn hefyd yn help. Wrth reidio mewn grŵp, mae llai o effaith y gwynt i'w deimlo. Dyna pam y bydd rhywun ar y blaen yn aros am gwmni beiciwr arall cyn dechrau ymosod yn iawn. Mae'n bwysig rhannu'r gwaith caled.

Yn fy marn i, mae gwybod hanes y gamp yn bwysig i ffan. Heb ei hanes cyfoethog, beth yw ras Paris–Roubaix ond ras feicio ddiflas dros ffyrdd blêr? Sut gallwn ni werthfawrogi llwyddiant beiciwr heb ei gymharu â beicwyr eraill mewn ras gynharach? Llwyddiant mawr Lance Armstrong wrth ennill saith crys melyn oedd gwybod nad oedd unrhyw un arall erioed wedi cyflawni hynny.

I'r rhan fwyaf o bobl, dim ond un ras feiciau sy 'na, sef y Tour de France. Mae'n bosib gwylio'r ras yn fyw ar Channel 4, ITV ac S4C y dyddiau yma. Ond tan yn eithaf diweddar, roedd hi'n anodd iawn dilyn beicio proffesiynol o gwbl ar y teledu. Daeth y Tour de France i Channel 4 ganol yr 1980au pan oedd Stephen Roche, Robert Millar a Sean Kelly ar eu gorau. Dyna'r tro cyntaf i mi gofio gweld ras feiciau o gwbl ac y daeth llais y sylwebydd Phil Liggett yn gyfarwydd i ni. Yr unig ffordd i ddilyn beicio cyn hynny oedd gweld *cyclo-cross* ar ITV *World of Sport* yn achlysurol, neu brynu'r cylchgrawn *Cycling Weekly*.

Does dim traddodiad hir o bobl ym Mhrydain yn dilyn beicwyr proffesiynol. Roedd bron pawb oedd â diddordeb yn y gamp yn seiclwyr eu hunain. Rydw i'n cofio mynd i siop Cyclopedia yng Nghaerdydd i gael sgwrs am y Tour de France yn y 1990au cynnar. Yn rhyfeddol, doedd neb wedi gwylio'r ras gan fod pawb allan ar eu beiciau yn hytrach na gwylio'r teledu.

Mae pethau wedi newid erbyn hyn. Mae'n bosib dilyn pob ras a dod i adnabod y beicwyr, ond rhaid gwneud gwaith ymchwil. Sut mae rhywun yn medru ffurfio barn am ras, neu gefnogi beicwyr, heb wybod rhywbeth am eu hanes neu eu personoliaeth?

Sut felly mae rhywun yn medru dysgu mwy am y byd beicio proffesiynol? I ddechrau, mae cannoedd o lyfrau ar gael, ac mae gen i sil ffenest yn llawn ohonyn nhw. Mae llawer o hunangofiannau ar gael, gan gynnwys rhai da gan Mark Cavendish, Charly Wegelius a Nicole Cooke, ac mae llyfr Graeme Obree, *The Flying Scotsman*, yn un arbennig iawn.

Mae rhai llyfrau angenrheidiol i bob ffan beicio. *Rough Ride* gan Paul Kimmage yw un o'r llyfrau gorau erioed yn fy marn i. Roedd Kimmage yn un o feicwyr y Tour de France. Gwrthododd gymryd cyffuriau ac mae'r llyfr yma'n bwysig iawn i agor llygaid pobl i'r diwylliant cyffuriau mewn beicio. Mae llyfr Matt Rendell, *The Death of Marco Pantani*, yn gampwaith er bod lefel yr wybodaeth a'r ymchwil yn rhy dechnegol mewn mannau.

Stori un o weithwyr tîm Festina yw *Breaking the Chain* gan Willy Voet, a gafodd ei ddal mewn car yn llawn cyffuriau yn 1998. Roedd Voet ar ei ffordd i Ffrainc o Wlad Belg pan gafodd ei ddal ar y ffin. Mae'r byd beicio wedi gweld llawer o ddigwyddiadau dadleuol dros y blynyddoedd, ac mae hyn wedi newid y gamp. Bu'n rhaid i ddau dîm, sef Festina a TVM, adael y Tour de France, a daeth yn amlwg fod bron pawb yn y ras yn cymryd EPO (*erythropoietin*) a chyffuriau eraill yn rheolaidd. Mae profion diweddar wedi ddangos bod 92 y cant o feicwyr yn ras 1998 wedi defnyddio cyffuriau.

Un arall o fy hoff lyfrau yw *The Escape Artist* gan Matt Seaton. Mae'n stori bersonol iawn, ac yn adrodd hanes rasiwr amatur a salwch ei wraig. Mewn gwirionedd mae gormod o lyfrau gwych i'w rhestru – cyfrolau ar feicio yw'r casgliad gorau o lyfrau mewn unrhyw gamp.

Mae llawer o gylchgronau ar gael hefyd ar gyfer pob math o feiciwr. Mae *Cycling Weekly* yn dilyn rasio ym Mhrydain yn ogystal â'r chwaraeon rhyngwladol. Gellir darllen adroddiad am ddigwyddiad lleol fel Ras Goffa Betty Pharoah yn y Bont-faen, ac ar y dudalen nesaf bydd lluniau'r Tour de France. Mae'n gylchgrawn hen iawn, ac fe gyhoeddwyd y rhifyn cyntaf yn 1891. Mae *Cycle Sport* a *Pro Cycling* yn fwy sgleiniog ac mae eu pwyslais ar rasys beicio'r 'World Tour'. Mae *Cycling Plus* yn apelio at feicwyr amatur o bob math, ac yn cynnwys llawer o adolygiadau ar wahanol feiciau ac offer beicio. Mae rhai cylchgronau hardd iawn, fel *Rouleur* a *Ride*, sy'n apelio at yr *hipsters* sydd â digon o bres i'w wario.

Fe fydda i'n cael y rhan fwyaf o'm gwybodaeth ac adloniant drwy'r cyfryngau digidol gan fod dilyn beicio drwy dudalennau cylchgronau yn gallu bod yn ddrud. Gan ei bod yn amhosib i'r cylchgronau ymateb yn sydyn i ddigwyddiadau cyfoes, caf y rhan fwyaf o newyddion beicio drwy wefannau. Mae cyclingnews.com, cyclingtips.au a bikeradar. com i gyd yn wefannau da iawn ar gyfer dilyn newyddion y gamp a materion beicio amrywiol. Mae'n bosib gwylio fideo o bron unrhyw ras yn y byd ar wefan cyclingfans.com. Ond dydw i ddim yn siŵr pa mor gyfreithlon ydi hyn.

Fe fydda i'n gwrando ar bodlediad neu ran o bodlediad bob dydd gan fod yna rai gwych am feicio. Enillodd The Velocast y wobr am y podlediad gorau yn y Gwobrau i Gyfryngau Beicio 2014 (Cycling Media Awards). Mae'n cael ei gynnal gan ddau Albanwr, John Galloway a Scott O'Raw, a roddodd y gorau i'w swyddi er mwyn trafod beicio yn broffesiynol. Rydw i'n hoff iawn o'u cyfres wythnosol 'This Week in Cycling History', sy'n werth pob ceiniog er mwyn dysgu mwy am y gamp.

Mae podlediad o safon broffesiynol yn cael ei gynnig gan y newyddiadurwyr poblogaidd Lionel Birnie, Daniel Friebe a Richard Moore. Hwn, mae'n debyg, ydi'r podlediad mwyaf deniadol i'r rhan fwyaf o bobl. Dydi o ddim yn cael ei gyhoeddi'n rheolaidd ac mae wedi newid ei enw sawl gwaith wrth i'r noddwyr newid. Ar hyn o bryd, ei enw ydi *The Telegraph Cycling Podcast*.

Un o'r podlediadau mwyaf poblogaidd ar unrhyw bwnc yn y byd yn ystod mis Gorffennaf ydi podlediad *ITV Cycling*. Mae llawer o bobl yn gyfarwydd â'r cyflwynwyr Ned Boulting a Chris Boardman, ac mae'n cael ei hyrwyddo'n helaeth ar y rhaglen deledu bob nos. Fe fydda i'n gwrando ar hwn hefyd, ond yn fy marn i mae wedi mynd yn rhy ysgafn yn ddiweddar nes ei fod fel gwrando ar ddau ffrind yn sgwrsio mewn bar yn rhannu jôcs preifat.

I rywun sydd eisiau cipolwg ar fyd ffans beicio o ddifrif, awgrymaf bodlediad *Cycling Weekly Rant*. Mae'n hwylus iawn i glywed cyflwynwyr o Ewrop a'r Unol Daleithiau yn trafod, ac mae'n anarferol iawn cwrdd â phobl â chymaint o angerdd a dealltwriaeth o'r byd beicio proffesiynol. Yng nghanol y rhegi a'r dadlau, mae'n bosib dysgu llawer am fyd ffans beicio byd-eang wrth wrando ar y criw yma. Maen nhw ymysg y ffans beicio sy'n hoffi chwarae'r gêm fideo *Pro Cycling Manager*. Fel y gamp ei hun, mae'n gêm eithaf heriol ac mae angen ei dysgu'n iawn i'w mwynhau. Mae chwaraewr yn gyfrifol am dîm dros y tymor rasio, yn dewis beicwyr ac yn trefnu eu hymarfer. Wedyn mae'n bosib cymryd rhan mewn rasys 3D realistig iawn, yn cynnwys dewis tactegau addas i'r beicwyr.

Mae llawer o ffilmiau am feicio sy'n werth eu gweld, ac mae'r rhai gan Jorgen Leth yn glasuron. Mae *Stars and the Water Carriers*, sy'n dilyn Eddy Merckx yn Giro d'Italia 1973, yn ffilm atmosfferig iawn. Fy hoff ffilm i ydi ffilm arall gan Leth, sef *A Sunday in Hell*, portread o ras Paris–Roubaix yn 1976. Mae *La Course en tête* gan Joël Santoni yn debyg i'r rhain hefyd. Mae'n ddarn o gelf sydd wedi'i ffilmio'n fendigedig ac yn cynnig darlun o'r byd rasio yn y 1970au. Mae'r rhain i gyd yn ffilmiau dogfen hardd, yn cynnwys cerddoriaeth atgofus a sylwebaeth farddonol.

Un o'r ffilmiau mwyaf poblogaidd ymysg beicwyr yw *Breaking Away*, ffilm eiconig a gafodd ei gwneud yn 1979. Mae'n dilyn gobeithion dyn ifanc o'r dosbarth gweithiol yn yr Unol Daleithiau a'i obsesiwn gyda beicio Eidalaidd. Caiff hanes difyr rasio a salwch meddwl Graeme Obree ei adrodd yn y ffilm *The Flying Scotsman*.

Ffilmiau dogfen eraill ar feicio ydi *The Armstrong Lie*, am hanes budur Lance Armstrong, ac *Overcoming*, sy'n dilyn Bjarne Riis a thîm CSC wrth iddyn nhw geisio ennill y Tour de France. Yn *The Accidental Death of a Cyclist*, ceir hanes trychinebus Marco Pantani, ac mae *The High Life*, sy'n dilyn Robert Millar drwy dymor 1985, hefyd yn werth ei gweld. Dyma un o fy hoff ffilmiau i.

5

Y tymor rasio

MAE'R TOUR DE FRANCE yn ras enfawr erbyn hyn, ac i lawer iawn o bobl y Tour de France yw beicio. Ond mae llawer iawn o rasys eraill drwy'r tymor, i gyd a'u hanes diddorol eu hunain.

Mae'r flwyddyn yn dechrau ddiwedd mis Ionawr gyda'r Tour Down Under. Mae llawer o dimau'n defnyddio prif ras Awstralia fel ras gynhesu cyn i'r tymor ddechrau o ddifri. Mae ychydig o rasys bach ym mis Chwefror wedyn, cyn i 'glasuron' y gwanwyn ddechrau yng ngogledd Ewrop ym mis Mawrth.

Caiff ardal Fflandrys yng Ngwlad Belg ei gweld fel calon y byd rasio beiciau. Gellir dweud mai beicio yw camp genedlaethol y wlad, a dyma lle bydd cyfres o rasys enwog undydd yn dechrau. Yr hen enw ar ras yr Omloop Het Nieuwsblad oedd Omloop Het Volk. Y ras undydd yma sy'n agor tymor 'Clasuron Fflandrys' ac mae'n cynnwys rhai o'r un lonydd ag a geir yn y rasys mwy enwog sy'n cael eu cynnal yno yn ddiweddarach yn y tymor. Mae'n ras boblogaidd iawn ymysg beicwyr, fel cyfle i baratoi ar gyfer y rasys mwyaf.

Yn cynnig mwy o her i'r beicwyr mae'r Strade Bianche, sy'n ras drwy ardal hardd iawn. Mae'n cael ei chynnal ger dinas Siena yn ardal Tuscany, yr Eidal, ac mae'r cwrs yn mynd ar hyd rhai o hen ffyrdd cerrig gwyn yr ardal. Bydd beicwyr y ras hon yn aml yn cymryd rhan yn ras Tirreno–Adriatico hefyd, ac wedyn yn ras Milan–San Remo.

Cafodd ras Milan–San Remo ei chynnal am y tro cyntaf yn 1907. Dyma ras hiraf y calendr, ac mae bron yn 300 km o hyd. Mae'n cael ei galw yn 'Glasur y Sbrintiwr' oherwydd mai ras fflat ydi hi, a sbrintiwr sy'n ei hennill yn aml. Dyma un o'r pum ras undydd â'r statws uchaf yn y byd, sy'n cael eu galw'n The Monuments of Cycling. Y lleill yw'r Ronde van Vlaanderen, ras Paris i Roubaix, y Liège–Bastogne–Liège, ac ar ddiwedd y tymor y Giro di Lombardia. Dim ond tri beiciwr erioed sydd wedi ennill pob un o'r rasys hyn yn ei yrfa, sef Roger De Vlaeminck, Rik Van Looy, ac Eddy Merckx, wrth gwrs.

Mae'r ras o Baris i Nice ym mis Mawrth yn boblogaidd iawn hefyd. Enw arall arni yw'r 'Ras i'r Haul', ac mae wedi bod yn darged gan Geraint Thomas yn ddiweddar. Mae'r ras yn bwysig i feiciwr sy'n bwriadu cystadlu yn rasys y Grand Tours. Roedd Thomas yn arwain y ras am gyfnod cyn iddo syrthio yn 2014. Enillodd y Gwyddel Sean Kelly y ras hon saith gwaith o'r bron rhwng 1982 ac 1988.

Mae'r ras o Gent i Wevelgem yng Ngwlad Belg yn cael ei defnyddio i baratoi ar gyfer un o rasys mwyaf pwysig y flwyddyn, sef y Ronde van Vlaanderen neu'r Tour of Flanders. Ras undydd ydi hon, ac mae pobl Fflandrys yn mwynhau'r ras cymaint ag mae Cymry yn mwynhau gêm rygbi ryngwladol. Mae'n esgus i ddathlu eu hannibyniaeth ac mae'n debyg fod pawb allan ar ochr y ffordd yn cefnogi'r ras, yn yfed cwrw oer ac yn bwyta sosejys poeth. Yn 2014 roedd Geraint Thomas yn wythfed yn y ras, a rhyw 800,000 o bobl ar hyd y ffyrdd.

Mis Ebrill yw mis gorau beicio, yn fy marn i. Ras galed iawn gyda llawer o elltydd byr ond serth yw'r Ronde van Vlaanderen. Mae rhannau o'r ras yn mynd dros gerrig crwn ac mae rhai o'r elltydd yn enwog iawn yn y byd beicio. Mae elltydd Bosberg, Kwaremont, a'r Koppenburg yn codi ofn hyd yn oed ar y beicwyr gorau, gyda graddiant (*gradient*) o 25 y cant mewn rhai mannau. Cafodd allt Koppenberg ei thorri o'r ras am rai blynyddoedd oherwydd ei bod yn cael ei hystyried yn rhy beryglus. Yn 1987 bu bron i Jesper Skibby, beiciwr enwog o Denmarc, gael ei ladd ar yr allt gul ar ôl i'w feic cael ei daro gan gar oedd yn trio mynd heibio iddo. Mae'r Koppenberg yn ôl yn rhan o'r ras erbyn hyn, ac yn un o'r llefydd mwyaf eiconig i'w gwylio.

Yr wythnos wedyn, mae fy hoff ras i'n cael ei chynnal, sef ras o Baris i Roubaix. Mae rhai'n galw'r ras hon yn 'Uffern y Gogledd' neu 'Brenhines y Clasuron'. Cafodd y ras hon ei chynnal am y tro cyntaf yn 1896, ac mae rhai rhannau o'r cwrs yn mynd dros hen ffyrdd coblog (*cobbled*) a'r rheini wedi cael difrod yn y Rhyfel Mawr. Mae'n ras hollol anwadal, gyda'r beicwyr yn aml yn cael sawl pyncjar, a bydd damweiniau yn digwydd hefyd. Does dim o'r fath beth â thywydd da yn y ras yma. Ar ddiwrnod braf bydd y beicwyr yn dioddef oherwydd bydd llwch budur y ffordd yn eu hwynebau. Ar ddiwrnod gwlyb bydd y cerrig yn llithrig iawn. Enillodd Geraint Thomas ras iau Paris–Roubaix yn 2004, a'i obaith yw ennill y brif ras ryw ddiwrnod. Roedd o'n seithfed ym mhrif ras Paris–Roubaix yn 2014, hyd yn oed ar ôl aberthu ei gyfle ei hun wrth arwain Bradley Wiggins at y lein.

Mae rasys undydd Clasuron yr Ardennes yn dechrau ganol mis Ebrill gyda ras yr Amstel Gold yn yr Iseldiroedd. Mae'r ras yma'n un eithaf newydd, a dim ond ers 1966 mae wedi cael ei chynnal. Ond erbyn hyn mae'n boblogaidd iawn. Gyda 32 o elltydd byr ond serth, mae'n debyg iawn i rasys Gwlad Belg. Mae'r ras yn gorffen gyda dringfa enwog, sef y Cauberg, allt oedd yn rhan o'r Tour de France yn 1992 a 2006 a hyd yn oed y Vuelta yn 2009.

O fewn wythnos i honno mae'n bosib gwylio rasys y Fleche Wallonne a'r Liège–Bastogne–Liège, dwy arall o rasys Gwlad Belg. Mae taith y Fleche Wallonne ar hyn o bryd yn cynnwys dringfa serth Mur-de-Huy dair gwaith. Bydd un cymal o'r Tour de France 2015 yn gorffen ar yr allt yma hefyd.

Wedyn, mae wythnos yr Ardennes yn gorffen gyda ras Liège–Bastogne–Liège. Cafodd y ras ei chynnal am y tro cyntaf yn 1892, gyda'r bwriad o hyrwyddo papur newydd, fel llawer o rasys eraill, a bydd y tywydd yn aml yn arw yn ystod y ras. Yn 1980 roedd hi mor oer nes bod yr enillydd, Bernard Hinault, wedi dioddef o ewinrhew (*frostbite*) a fedrai o ddim symud ei fysedd am dair wythnos ar ôl y ras. Mae'n werth chwilio am glipiau fideo o'r ras yn 2013. Dan Martin o Iwerddon enillodd y flwyddyn honno, gyda rhywun mewn gwisg ffansi fel panda yn ei ddilyn yn agos iawn. Dewisodd y Gwyddel y panda fel masgot, ac o ganlyniad cafodd ei dîm, sef Garmin, ei noddi gan y World Wildlife Foundation.

Y Grand Tours

Ar ôl rasys undydd y gwanwyn, yn yr haf bydd tri Grand Tour, sef ras sy'n digwydd dros dair wythnos. Y Giro d'Italia ym mis Mai yw'r un gyntaf, wedyn y Tour de France ym mis Gorffennaf, ac yna'r Vuelta a España ym mis Medi. Yn fy marn i, ras y Tour de France yw un o'r achlysuron gorau yn y byd chwaraeon. Eto i gyd, mae rasio gwell i'w weld yn ras y Vuelta. Mae'r Tour de France mor bwysig, gyda phawb yn rasio'n ofalus iawn, ac mae'r timau mwyaf yn rheoli pob cymal. Ond mae'r Vuelta yn fwy agored, ac yn gallu bod fel brwydr yn y Gorllewin Gwyllt.

Dydi'r Grand Tours byth yn mynd ar hyd yr un ffordd yn union bob blwyddyn. Weithiau dydyn nhw ddim yn aros yn yr un wlad, ac mae'r Tour de France hyd yn oed wedi cael ei chynnal ym Mhrydain ac Iwerddon yn ddiweddar. Mae cynghorau dros Ewrop yn barod iawn i brynu'r hawl i gynnal cymal o'r ras er mwyn hyrwyddo'u hardaloedd nhw.

Bydd beicwyr yn rasio mewn un cymal o'r Grand Tour bob dydd am dair wythnos, gyda dim ond dau ddiwrnod rhydd yn ystod y ras i ymlacio. Ar y dyddiau hynny, yn rhyfeddol, bydd llawer o feicwyr yn mynd am dro ar eu beiciau i ymlacio. Yn y gorffennol, ar y dyddiau rhydd hyn byddai rhai beicwyr yn newid gwaed neu'n chwistrellu *erythropoietin* neu EPO. Dyna enw'r cyffur a ddaeth yn boblogaidd ymhlith beicwyr yn y 1990au cynnar.

Yn fras, mae EPO yn helpu'r gwaed i symud ocsigen ac yn rhoi hwb i'r celloedd coch. Mae hyn yn galluogi beicwyr i wneud mwy o ymdrech ac am gyfnod hirach. Yn ystod y 1990au, doedd hi ddim yn bosib cystadlu'n rheolaidd ar y lefel uchaf mewn ras oedd yn cynnwys sawl cymal heb gymryd EPO. Bryd hynny, i rai oedd yn breuddwydio am fod yn feicwyr proffesiynol, mae'n rhaid bod y dewis rhwng cymryd cyffuriau neu beidio yn un anodd iawn.

Fel arfer, mae'r cymalau mewn ras yn mynd dros wahanol fathau o dir ac yn amrywio o ran hyd. Bydd rhai cymalau'n cynnwys llawer o elltydd a mynyddoedd, tra bydd eraill ar dir gwastad. Bydd o leiaf un cymal lle bydd pob beiciwr yn cael ei amseru, a ras i unigolion neu dîm yn erbyn y cloc fydd honno. Felly, mae'n rhaid i'r beiciwr sy'n ennill y ras fod yn dda iawn ar bob math o gwrs. Mae'n bwysig ei fod yn dda am ddringo mynyddoedd a hefyd yn gallu rasio yn erbyn y cloc.

Bydd amser pob beiciwr yn cael ei nodi ar ôl pob cymal. Yna'r beiciwr sydd â'r amser gorau ar ddiwedd y dydd fydd yn cael gwisgo crys arweinydd y ras yn ystod cymal y diwrnod wedyn. Melyn ydi lliw arweinydd y Tour de France, a phinc ydi crys arweinydd y Giro d'Italia. Roedd crys arweinydd y Vuelta yn arfer bod yn felyn hefyd, ond mae'n goch ers 2010. Ar ddiwedd y tair wythnos, y beiciwr sydd â'r cyfanswm gorau o ran amser yn y cymalau sy'n ennill y ras. Ond nid dim ond yr enillydd hwn sy'n derbyn gwobr, gan y bydd y beicwyr yn cystadlu am wobrau pwysig eraill hefyd.

Yn ystod pob cymal, mae pwyntiau i'w hennill am ennill sbrintiau. Bydd llinellau'n cael eu gosod ar y cwrs mewn mannau penodol, a hefyd ar ddiwedd y cymal. Bydd y beiciwr sy'n croesi pob llinell yn gyntaf yn ennill pwyntiau, a'r beiciwr â'r pwyntiau uchaf yn cael gwisgo crys o liw arbennig. Yn y Tour de France a'r Vuelta gwyrdd yw lliw'r crys, ond yn

41

y Giro d' Italia mae'n grys coch. Mae'n bosib ennill y crys hwn fel y gwnaeth Mark Cavendish yn 2011 drwy ennill sawl cymal. Ar y llaw arall, mae'n bosib dilyn tactegau Peter Sagan, a enillodd grys gwyrdd y Tour de France yn 2014 heb orffen yn gyntaf yn unrhyw gymal o gwbl.

Mae crys *polka dot* y Tour de France yn un o'r rhai mwyaf eiconig yn y maes beicio, a chaiff ei roi i'r beiciwr sy'n casglu'r mwyaf o bwyntiau ar y mynyddoedd. Mae'r pwyntiau'n cael eu hennill drwy fod yn un o'r beicwyr cyntaf i gyrraedd copa mynydd. Weithiau, nid dringwr gorau'r ras sy'n ennill y crys, ond rhywun sydd wedi mynd o flaen pawb i gasglu'r pwyntiau ym mhob cymal sy'n cynnwys mynyddoedd.

Bydd y mynyddoedd yn cael eu gosod mewn categorïau, yn ôl pa mor uchel ydyn nhw a pha mor serth ydi'r llwybr i'r copa – Categori 4 yw'r hawsaf, tra mae Categori 1 yn anodd iawn. Mae sôn mai rhif y gêr roedd angen ei ddefnyddio i gyrraedd y copa mewn car sydd wedi penderfynu ar y categorïau hanesyddol hyn. Yn 1979 penderfynodd Undeb Rhyngwladol Beicio (*Union Cycliste Internationale*) fod angen categori arall ac, felly, cafodd yr *Hors catégorie* ei ychwanegu.

Giro d'Italia

Y Giro d'Italia, sy'n cael ei chynnal ym mis Mai, yw ras gyntaf y Grand Tours. Dechreuodd yn 1909 fel ras i hyrwyddo'r papur newydd *La Gazzetta dello Sport*. Roedd y papur wedi creu dwy ras lwyddiannus eisoes, sef y Giro di Lombardia a'r Milan–San Remo. Ar ôl sylweddoli pa mor boblogaidd oedd y Tour de France, penderfynodd y papur fod angen Grand Tour yn yr Eidal hefyd. Lliw pinc ydi papur newydd *La Gazzetta*, felly dyna y pam y bydd arweinydd y Giro yn gwisgo crys pinc.

Mae hanes rasio beiciau yn yr Eidal yn un hir a chyfoethog, ac mae'r Giro d'Italia wedi bod o help i greu arwyr fel Alfredo Binda yn y 1920au. Yn wir, roedd Binda mor llwyddiannus fel y cafodd gynnig arian da gan y trefnwyr am beidio ennill y ras. Enillodd Binda 41 cymal unigol o'r ras yn ystod ei yrfa. Ar ôl ennill y Giro bum gwaith, aeth Binda ymlaen i hyfforddi dau o'r beicwyr enwocaf erioed, sef Fausto Coppi a Gino Bartali.

Mae'r gystadleuaeth rhwng Coppi a Bartali wedi rhannu barn a theyrngarwch Eidalwyr ers yr Ail Ryfel Byd. Roedd y gystadleuaeth rhyngddyn nhw yn debyg i'r gystadleuaeth rhwng Bjorg a McEnroe mewn tennis, neu Coe ac Ovett mewn athletau. Enillodd Bartali ras y Giro ddwy waith cyn yr Ail Ryfel Byd, ac yntau'n aelod o'r un tîm â Coppi. Gŵr o'r de oedd Bartali, person crefyddol o gefn gwlad, tra oedd Coppi yn cynrychioli'r gogledd, yn fwy gwyddonol, ac wedi'i eni mewn ardal ddiwydiannol. Yn ystod y rhyfel roedd Bartali yn aelod o'r Gwrthsafiad yn yr Eidal, ac wedi ennill clod am achub bywydau teulu o Iddewon drwy eu cuddio yn seler ei dŷ.

Enillodd Coppi y Giro bum gwaith a'r Tour de France ddwy waith. Eddy Merckx oedd y trydydd beiciwr i ennill y Giro bum gwaith, a hynny yn ystod y 1970au.

Yn 1999, roedd Marco Pantani ar ei ffordd i ennill y ras pan gafodd ei wahardd 'am resymau meddygol'. Roedd rhywbeth rhyfedd yn y ffordd y digwyddodd hynny, ac mae peth tystiolaeth yn awgrymu bod diarddel Pantani yn ymwneud â'r Mafia.

Bydd ras y Giro d'Italia yn dechrau mewn gwahanol ddinasoedd, a hyd yn oed y tu allan i'r Eidal weithiau. Dechreuodd ras 2014 yn Belfast, Gogledd Iwerddon, ac yna fe fu am ddau ddiwrnod yn ardal Dulyn. Bydd y ras yn cynnwys mynyddoedd yr Alpau a'r Dolomites fel arfer, ac yn aml bydd y tywydd yn ystod y ras yn wael a rhai cymalau'n gorfod cael eu newid neu eu canslo ar y funud olaf.

Mae rhai o fynyddoedd y Giro yn fyd-enwog. Yn ôl rhai beicwyr maen nhw'n anoddach na mynyddoedd Ffrainc, ac maen nhw'n cynnwys y Passo dello Stelvio, y Mortirolo, a'r Passo di Gavia. Mae'r mynydd uchaf yn y Giro d'Italia bob blwyddyn yn cael ei alw'n *Cima Coppi* – teyrnged i'r beiciwr enwog Fausto Coppi. Yn 2008 Geraint Thomas oedd y Cymro cyntaf i gystadlu yn y Giro, ac enillodd Nicole Cooke y ras i ferched, y Giro d'Italia Femminile, yn 2004.

Cyn y Tour de France mae dwy ras gymal, sy'n para am wythnos, sef y Critérium du Dauphiné a'r Tour de Suisse. Mae'r ddwy ras yma'n cael eu defnyddio gan feicwyr i baratoi ar gyfer y Tour de France ym mis Gorffennaf.

Tour de France

Fel y Giro d'Italia, cafodd y Tour de France ei dechrau fel ras i hyrwyddo cylchgrawn, sef *L'Auto*, a hi yw'r hynaf o'r Grand Tours. Cychwynnodd y ras gyntaf o'r Café Reveil-Matin, y tu allan i Baris, yn 1903, a gan mai melyn oedd lliw papur *L'Auto*, dyna felly liw crys yr enillydd.

Roedd y Tour de France yn llwyddiant o'r dechrau, yn rhy lwyddiannus efallai. Roedd y ras yn creu emosiynau uchel iawn ymysg y Ffrancwyr, ac roedd pethau'n flêr o'r dechrau. Byddai rhai beicwyr yn twyllo, ac mae sôn fod yr enillydd cyntaf, Maurice Garon, wedi dal trên. Byddai cefnogwyr ar ochr y ffordd yn ymosod ar elynion eu hoff feicwyr. Ond rywsut roedd yr holl ddrama yn gwneud y ras yn fwy deniadol. Erbyn hyn mae'r Tour de France yn cael ei chydnabod fel y ras fwyaf poblogaidd a'r un sy'n cael y mwyaf o sylw.

Mae'r Tour de France wedi amrywio llawer ar ei rheolau dros y blynyddoedd. Doedd dim timau o gwbl i ddechrau. Wedyn byddai beicwyr yn cynrychioli timau eu hardal, ac yna eu gwlad am gyfnod. Roedd ras olaf y timau cenedlaethol yn 1968, ac ers 1962 mae timau wedi'u ffurfio dan enw noddwyr.

Y straeon rhamantus, dramatig, a hanesyddol sydd wedi gwneud y Tour de France yn gymaint o achlysur erbyn hyn. Dyma'r ras lle mae'r beicwyr enwocaf wedi gwneud eu marc yn y byd chwaraeon. Wrth gwrs, bydd enillydd y ras yn enwog, ac mae rhai beicwyr wedi ennill fwy nag unwaith. Mae'r Eidalwyr Gino Bartali a Fausto Coppi yn enghreifftiau da. Yn y 1950au a'r 1960au, daeth Louison Bobet a Jacques Anquetil â llwyddiant i Ffrainc. Enillodd Anquetil y Tour de France bum gwaith yn y chwedegau, ond eto roedd ei wrthwynebydd pennaf, sef Raymond Poulidor, yn fwy poblogaidd yn y wlad. Mae'r Ffrancwyr yn hoffi cefnogi'r cystadleuydd dewraf.

Eddy Merckx oedd yn rheoli yn y 1970au, ac enillodd yntau'r ras bum gwaith. Ond camp fwyaf Merckx oedd iddo hefyd ennill pob ras arall yn ystod ei yrfa. Y dyddiau hyn, bydd y beicwyr cryfaf yn targedu'r Tour de France yn unig, a fyddan nhw ddim yn rasio llawer yn ystod y tymor.

Yn y 1980au daeth arwr newydd i Ffrainc, sef Bernard Hinault. Roedd Hinault, neu 'y mochyn daear' fel y câi ei adnabod, yn dod o Lydaw. Roedd yn ddyn ffyrnig iawn ac ef oedd yn rheoli'r **peloton** – fyddai neb yn cael ennill cymal heb ganiatâd

Hinault. Fe enillodd y Tour de France bum gwaith hefyd, cyn pasio'r baton ymlaen i Greg LeMond, yr unig Americanwr i ennill y Tour de France, ers i Lance Armstrong golli ei deitlau.

Daeth LeMond yn feiciwr poblogaidd iawn yn yr Unol Daleithiau, yn fwy poblogaidd nag unrhyw feiciwr erioed. Yn 1989 yn y Tour de France, gyda ras yn erbyn y cloc ar y diwrnod olaf, roedd Greg LeMond 50 eiliad y tu ôl i Laurent Fignon o Ffrainc, enillydd y ras yn 1983 ac 1984. Ond, diolch i'w helmed aerodynamig a'r bariau triathlon ar ei feic, sy'n hirach na bariau cyffredin, LeMond enillodd – a hynny o wyth eiliad yn unig. Does dim un ras arall wedi bod mor agos â hynny erioed yn hanes y Tour.

Y Sbaenwr Miguel Indurain oedd beiciwr mwyaf llwyddiannus y Tour de France yn y 1990au ond roedd ei dactegau'n ddiflas iawn, yn fy marn i. Roedd Indurain yn dda iawn yn y cymalau yn erbyn y cloc. Byddai'n ennill y cymalau hynny ac yna byddai'n reidio'n amddiffynnol iawn yn y mynyddoedd. Drwy wneud hyn, enillodd bum Tour yn olynol. Wrth gwrs, torrodd Lance Armstrong record pawb drwy ennill y Tour de France saith gwaith ar droad y ganrif newydd. Ond mae Armstrong wedi colli pob un teitl ers iddo gyfaddef ei fod wedi cymryd cyffuriau yn ystod ei yrfa.

Mae'r Tour de France wedi gweld sawl damwain erchyll. Bu farw Francisco Cepeda, beiciwr o Sbaen, yn 1935 ar ôl damwain wrth deithio'n gyflym ar fynydd Col du Galibier. Dringo mynydd arall, Mont Ventoux, yr oedd pencampwr Prydain, Tom Simpson, yn ystod ras 1967 pan gwympodd oddi ar ei feic, wedi blino'n llwyr. 'Rhowch fi 'nôl ar fy meic' oedd ei eiriau olaf cyn iddo farw ar y ffordd i'r ysbyty. Yn 1995 roedd Fabio Casartelli yn teithio 55 milltir yr awr i lawr Col de Portet d'Aspet, pan fu mewn gwrthdrawiad â sawl beic arall, taro'i ben a marw. Beiciwr o'r Eidal oedd Casartelli ac roedd wedi ennill medal aur yng Ngêmau Olympaidd 1992. Mae sawl cefnogwr wedi marw dros y blynyddoedd hefyd ar ôl bod mewn damwain gyda beic neu gerbyd wrth wylio'r ras.

Mae'r profiad o wylio'r Tour de France yn wahanol i wylio pob ras arall. Yn naturiol, mae'r ffans yn gwybod am y llefydd pwysicaf yn y ras, a bydd rhai'n dewis safle ar ochr y ffordd dros wythnos cyn y ras. Gan y bydd angen cael lle i gar, pabell neu gerbyd gwersylla ar gopa mynydd, mae'n rhaid cyrraedd rai dyddiau cyn y ras. Yno mae'r awyrgylch ar y mynydd yn arbennig iawn, a bydd y bobl, sy'n dod o wahanol wledydd, yn cael parti enfawr. Wedyn, ar ddiwrnod y ras, bydd y ffyrdd yn orlawn o feiciau a phobl sydd wedi cerdded milltiroedd i gyrraedd yno.

Mae'r cyffro'n dechrau dros ddwy awr cyn i'r ras gyrraedd, wrth i'r cerbydau swyddogol cyntaf fynd heibio. Yna daw ceir a beiciau modur yr heddlu, yn mynd heibio'n gyflym a'u cyrn yn hwtian. Wedyn daw'r garafán gyhoeddusrwydd a cherbydau, tryciau, a lorïau wedi'u haddurno â brandiau amrywiol y noddwyr. Byddan nhw'n cymryd dros hanner awr i fynd heibio gan daflu anrhegion wrth basio, a bydd y plant a'r oedolion yn mynd yn wyllt yn eu casglu. Y llynedd, fe ddaethon ni fel teulu adref i Gymru gyda 24 o hetiau amrywiol, 8 crys T, 7 pâr o sbectols haul, 12 *sachet* o sebon golchi dillad, ychydig o *frisbees*, a llawer iawn o bethau eraill. I'r plant, casglu anrhegion nad oes neb eu hangen yw rhan orau'r holl achlysur.

Erbyn i'r beicwyr eu hunain gyrraedd bydd pobl wedi bod ar ochr y ffordd yn mwynhau'r awyrgylch ers oriau. Ac wrth i'r ras gyrraedd fe fyddan nhw'n mynd yn wyllt, a phawb yn gweiddi ac yn sgrechian, 'Allez, allez, allez!' Dim ots pwy ydi'r beicwyr, mae pob un yn derbyn cymeradwyaeth a chefnogaeth gan y bobl ar ochr y ffordd.

Ar hyn o bryd mae'r Tour de France yn mynd trwy gyfnod newydd, cyffrous. Ers i Lance Armstrong gael ei gosbi, mae 'na deimlad fod y ras yn fwy glân. Mae'r beicwyr ifanc yn dechrau cystadlu'n well, ac mae rhai beicwyr 'glân' yn dechrau ennill rasys. Mae cwestiynau wedi codi am berfformiadau rhai, ond mae'r genhedlaeth newydd o feicwyr Ffrengig fel chwa o awyr iach. Nid llwyddiant Vincenzo Nibali oedd stori fwyaf y Tour de France yn 2014. Er mai'r Eidalwr enillodd y ras, fe wnaeth tri beiciwr cyffrous o Ffrainc, sef Thibaut Pinot, Jean-Christophe Péraud, a Romain Bardet, ddenu tipyn o sylw. Does neb o Ffrainc wedi ennill y ras ers dyddiau Hinault, ond roedd teimlad ar ochr y ffyrdd yn 2014 fod y Ffrancwyr yn dechrau caru'r Tour unwaith eto ar ôl cyfnod anodd iawn.

Ar ôl y Tour de France, mae cyfle i gael egwyl o beidio â gwylio beicio ar y teledu, a bydd lonydd Cymru yn llawn o feicwyr newydd wedi'u hysbrydoli ar ôl gwylio'r Tour. Ond ganol mis Awst mae yna ras nad ydi hi'n cael digon o sylw, yn fy marn i. Mae'r Eneco Tour yn teithio am wythnos drwy ardal Benelux. Ras eithaf newydd yw hon, sydd wedi cymryd lle'r Tour of Holland a'r Tour of Belgium. Roedd y Tour of Luxembourg wedi cael gwahoddiad i fod yn rhan hefyd ond ar hyn o bryd mynd trwy'r Iseldiroedd a Gwlad Belg yn unig fydd y ras. Roedd Geraint Thomas yn chweched yn y ras hon yn 2014, ac mae'n ras y bydd yn gobeithio ei hennill yn y dyfodol.

Y Vuelta a España

Yna, ym mis Medi, mae'n gyfnod y Vuelta a España. O'i chymharu â'r Tour de France, mae'r Vuelta yn gallu cynnig rasio llawer mwy cyffrous. Does 'na ddim cymaint o reolaeth ar y ras ac mae'r cwrs yn aml yn cynnig cyfle am ras fwy ymosodol. Does dim cymaint o bobl ar ochr y ffordd ond mae rhai o'r mynyddoedd cystal â mynyddoedd unrhyw Grand

Tour arall. Er enghraifft, mae mynydd L'Angliru dros 5,000 troedfedd (1,500 metr) uwchben lefel y môr ac mewn rhai llefydd mae graddiant o 23 y cant. Gwyliais y ras am y tro cyntaf yn 1986 pan oedd un o fy hoff feicwyr, Robert Millar, ar ei ffordd i ennill y ras, ond collodd y crys melyn ar y diwrnod olaf ond un. Yr adeg honno doedd dim radio yng nghlustiau'r beicwyr ac roedd beicwyr Sbaen ym mhob tîm wedi cydweithio i sicrhau bod Pedro Delgado yn ennill y ras i'w wlad. Heb radio, doedd gan Millar ddim syniad beth oedd yn digwydd o'i flaen.

Roedd y Vuelta yn un dda iawn yn 2014. Mae'r ras yn cynnig cyfle olaf i feicwyr sydd wedi cael damwain neu salwch yn ystod y flwyddyn i orffen y tymor gyda pherfformiad da.

Fy hoff fynyddoedd
ar y Tour de France

RYDW I WEDI BOD yn ddigon ffodus i wylio'r Tour
de France ar nifer o'r mynyddoedd mwyaf enwog
ac wedi beicio ar rai ohonyn nhw. Dyma restr
bersonol o fy hoff rai:

Col du Tourmalet ym mynyddoedd y Pyrenees,
yn ne Ffrainc, oedd yr un cyntaf o gewri'r Tour
i fi ei ddringo ar gefn beic. Hedfanais allan yno
yn haf 2011 gyda Tommie fy ffrind a'n beiciau
mewn bagiau i wylio'r ras. Aethon ni i fyny'r ochr
orau, sef ochr pentref Luz-Saint-Sauveur, taith o
19 km (12 milltir) a 1,400 m (4,600 troedfedd)
o ddringo heb yr un darn fflat. Roedd hi'n
ddiwrnod poeth, ac fel rhywun â gwallt coch
roeddwn i'n poeni cymaint am losgi yn yr haul
fel 'mod i wedi penderfynu gwisgo crys â llewys
hir. Doedd yr hogiau lleol, â'u croen tywyll a'u
coesau wedi'u siafio, ddim yn deall hyn o gwbl.
Ond ar ôl reid anoddaf fy mywyd cyrhaeddais y
copa heb stopio.

Mae hanes hir i'r Tourmalet yn y Tour de France.
Yn 1913 roedd Eugene Christophe yn dod i lawr
y mynydd pan dorrodd ffyrc blaen ei feic. Ar ôl i
Christophe ddod o hyd i efail y gof mewn pentref

fe lwyddodd i drwsio'i feic ei hun. Cymerodd dair awr iddo, ond fe gafodd ei gosbi ar ôl i hogyn bach saith oed roi cymorth iddo drwy chwythu'r tân yn yr efail. Doedd neb ond y beicwyr eu hunain i fod i drwsio'u beiciau.

Es i i **Mont Ventoux** ar fy mhen fy hun yn 2009, a gan fy mod i'n pwyso 19 stôn yr adeg honno allwn i ddim beicio. Roeddwn i wedi llogi car ond fe gyrhaeddais i Faes Awyr Nimes yn ne Ffrainc heb fy nhrwydded yrru. Fe fu'n rhaid i fy ngwraig sganio'r drwydded gartref a'i hanfon mewn e-bost i'r maes awyr. Gan fod y mynydd yn llawn ffans o bob man, fe fues i'n ffodus i ffeindio lle i barcio'r car bach ar ymyl dibyn yn agos i'r copa. Chysgais i ddim winc y noson honno oherwydd sŵn y disgos oedd yn cael eu cynnal gan yr hanner miliwn o bobl ar un o fynyddoedd enwocaf y byd. Rydw i'n meddwl mai hwn oedd yr awyrgylch gorau rydw i erioed wedi'i gael yn ystod y Tour de France. Mae pentref Bédoin wrth droed y ddringfa yn llawn dop pan fydd y Tour yn dod i'r ardal.

Mae Mont Ventoux yn un o fynyddoedd peryglaf y Tour. Does dim llawer o gysgod ar ôl gadael y goedwig ar y darn isaf ac mae'r gwynt yn chwythu'n gryf iawn ar y copa. Mae rhannau uchaf y mynydd wedi cael eu cymharu ag wyneb y lleuad gan eu bod mor foel. Dyma'r mynydd lle bu farw'r Sais Tommy Simpson yn ystod Tour 1967 ac mae teyrnged iddo ar gopa'r mynydd.

Fe wnes i seiclo'r **Col d'Aubisque** o'r ochr ddwyreiniol yn 2012, gan gychwyn o bentref Argelès-Gazost. Mae'r pentref yn lle arbennig i aros am wyliau beicio yn y Pyrenees. Mae'n agos iawn i sawl dringfa fyd-enwog, gan gynnwys yr Hautacam a'r Tourmalet. Ar ôl dringo allan o'r pentref, mae'r ffordd yn codi'n raddol ac yn mynd drwy diroedd gwyrdd a phentrefi bach del. Yna, mae'n mynd yn fwy serth a chyn hir yn troi'n lôn gul, 2,000 metr o uchder, ar ochr dibyn heb rwystr. Yna, ar ôl mynd drwy dwnnel du bitsh, mae copa Col du Soulor. Ar ôl disgyn am ychydig, mae'r lôn yn dilyn siâp powlen naturiol a'r golygfeydd gorau rydw i erioed wedi'u gweld oddi ar gefn beic. Dim ond sŵn clychau'r gwartheg sy'n torri drwy'r awyr denau. Ar ôl rhyw 30 km (tua 18 milltir) o ddringo, doeddwn i ddim yn disgwyl bod yn siomedig o gyrraedd copa'r Aubisque, ond fe fyddwn i'n ddigon bodlon reidio'r lôn yma dro ar ôl tro.

Mae'r Aubisque yn rhan reolaidd o'r Tour de France. Hwn yw'r ail gopa mwyaf poblogaidd, ac mae'r ras wedi bod yno tua 45 o weithiau ers 1947. Yn 1951 roedd Wim van Est yn gwisgo'r crys melyn pan aeth dros ochr y ffordd wrth ddod i lawr at Soulor. Ond er iddo ddisgyn dros 20 metr, fe fu'r beiciwr o'r Iseldiroedd yn lwcus a glanio ar silff garreg gul â dibyn anferth bob ochr iddo. Mae yna luniau dramatig iawn o'r digwyddiad sy'n dangos Wim van Est mewn sioc, a gosodwyd plac ar ochr y ffordd i gofio'r digwyddiad.

Un o gewri eraill y Tour de France yw'r **Col du Galibier**. Yn 1998 fe yrrais gyda fy ffrindiau i lawr i'r Alpau mewn Volkswagen Golf coch, dau ddrws. Ar ôl cyrraedd ein gwesty yn Valloire, fe benderfynon ni gerdded i fyny Col du Galibier wrth i'r haul wawrio ar fore'r ras. Roedd yr awyr yn llwyd, ond erbyn i ni gyrraedd y copa ar ôl saith awr o gerdded roedd hi'n bwrw'n drwm a ninnau'n gwisgo trowsusau byr a chrysau T!

Ar ôl oriau ar ochr y mynydd heb lawer o fwyd na diod, dyma sŵn y garafán yn cyrraedd o'r diwedd. Awr yn hwyrach, yn sydyn fe welais i Marco Pantani yn dringo fel angel allan o'r niwl. Wnaeth neb arall ein cyrraedd am funudau, ac roedd hi'n amlwg ein bod ni wedi gweld Pantani ar ei ffordd i ennill y Tour. Does gen i ddim ofn cyfaddef bod dagrau yn fy llygaid wrth sylweddoli i mi weld rhywbeth mor arbennig yn hanes y ras bwysicaf yn y byd. Mae sylwebaeth Phil Liggett yn sôn am fy maner i, y ddraig goch, yn hedfan, fel Pantani wrth iddo gyrraedd y copa.

Mae llawer o gerrig enfawr ar ochrau lonydd hir y Col du Galibier. Yn aml, copa'r cawr yma o fynydd – 8,678 troedfedd neu 2,645 metr uwchben lefel y môr – yw pwynt uchaf yr holl ras. Wrth ei ddringo, mae rhywun yn teimlo fel aelod o gast *The Sound of Music*. Mae'r olygfa o'r copa yn anhygoel, ac mae'n bosib gweld y beicwyr filltiroedd i ffwrdd. Fe ges i gyfle i ddringo'r Galibier ar feic yn haf 2012 ond es i i fyny'r ochr 'anghywir', go chwith. Y ffordd draddodiadol o'i ddringo yw dechrau o bentref Valloire i'r gogledd, ond dringais i o'r de dros Col du Lautaret, sy'n wyrdd a ddim yn rhy serth. Dyna un o reids mwyaf pleserus fy mywyd.

Mynydd yr **Alpe d'Huez** yw'r lle gorau i wylio'r Tour de France, yn fy marn i. Mae'n bosib seiclo i fyny yno o bentref Bourg d'Oisans, neu gallwch deithio mewn car cebl o bentref sgio Oz i'r llinell derfyn. Cysgodd ein teulu ni mewn *motorhome* ym mhentref Villard-Reculas cyn cerdded ar draws y mynydd am awr ar fore'r ras yn 2012.

Un o'r pethau gwefreiddiol am wylio'r Tour yw bod yn un o'r miloedd o ffans o wledydd gwahanol sy'n cerdded y mynyddoedd. Wrth i ni agosáu at lwybr y ras y bore hwnnw, roedd sŵn miwsig a gweiddi a chanu yn ein cyrraedd allan o'r niwl. Roedd y ffordd yn arwain at yr enwog Dutch Corner, ac mae'n draddodiad fod llawer o bobl o'r Iseldiroedd yn mynd i'r Alpau i gael gwyliau yn yr haf. Yn rhyfeddol, mae beicwyr o'r Iseldiroedd wedi bod yn llwyddiannus iawn pan fydd y cymal yn gorffen ar gopa'r mynydd chwedlonol hwn.

Mae 15 cymal wedi gorffen ar yr Alpe d'Huez dros y blynyddoedd, ac mae rhywun o'r Iseldiroedd wedi ennill wyth ohonyn nhw. Erbyn hyn, felly, bydd ffans o'r Iseldiroedd yn cynnal parti am 24 awr ar gornel rhif 7. Mwg oren sy'n croesawu'r beicwyr pan fydd y ras yn cyrraedd, ac mae'r sŵn mor uchel â sŵn torf mewn gêm bêl-droed.

Felly, pam mae'r Alpe d'Huez mor boblogaidd? Wel, mae'n hawdd cyrraedd yno, ac mae digon o lefydd i aros dros nos ar y copa. Mae'n cynnwys 21 o droadau tyn a serth, sy'n gwneud y ddringfa hon yn allweddol i ganlyniad unrhyw Tour de France.

Ar ôl i mi wella o'm salwch, roedd dringo'r Alpe d'Huez yn darged roeddwn i wedi'i roi i mi fy hun. Roeddwn i'n teimlo'n reit emosiynol wrth gychwyn o Bourg d'Oisans ym mis Gorffennaf 2012. Doedd arna i ddim ofn y mynydd ond roeddwn i'n ansicr a fyddwn i'n cyrraedd y targed, targed oedd yn sbardun pwysig wrth i fi ymdrechu i golli pwysau a gwella. A bod yn hollol onest, o'i chymharu â mynyddoedd eraill yr Alpau, roedd y ddringfa yn eithaf siomedig. Oedd, roedd hi'n galed, ond roedd y ffordd ei hun braidd yn ddiflas. Mae'n ffordd gymharol newydd sy'n gorffen mewn gorsaf sgio hyll, ac mae'n hawdd colli'r llinell derfyn yng nghanol y gwestai uchel, sgwâr. Er ei bod hi'n werth ymweld â'r Alpe d'Huez i ddilyn traed cewri'r byd beicio, mae sawl dringfa arall yn yr ardal sy'n fwy deniadol, yn fy marn i.

7

Fy hoff feicwyr

MAE YNA LAWER O feicwyr enwog ac rydw i'n hoff iawn o rai ohonyn nhw, ond yn naturiol dwi ddim mor hoff o rai eraill. Rydw i'n edmygu pobl fel Greg LeMond, Sean Kelly, a Bernard Hinault, ond does gen i ddim amynedd gyda rhai fel Lance Armstrong, Bjarne Riis, na'r Miguel Indurain diflas. Nid rhestr o feicwyr rydw i'n eu hedmygu ydi hon ond rhestr o feicwyr rydw i'n eu hoffi. Ar ben y rhestr mae Eidalwr bach rhyfedd ei olwg, ond y peth harddaf rydw i erioed wedi'i weld ar gefn beic.

Ar y funud olaf penderfynais hedfan i Genefa i weld cymalau olaf y Tour de France yn 1994. Ar yr awyren mi wnes i gwrdd â hogan ddel o Abertawe oedd yn mynd i Baris ar ei phen ei hun i drio anghofio am ei chyn-gariad. Roeddwn i'n barod iawn i'w helpu i wneud hynny, felly arhosais ym Mharis am noson a chyrraedd Cluses ddiwrnod yn hwyr. Doedd y ferch ddim yn llawer o hwyl, yn anffodus, a dylwn i fod wedi mynd ymlaen ar fy nhaith.

Erbyn i fi gyrraedd Cluses ar y trên arafaf y bues i arno erioed, roedd y cymal wedi gorffen. Felly, es i am dro i weld bysiau'r timau, ac wrth i fi gerdded drwy'r maes parcio, fe ddes i ar draws **Marco Pantani** yn eistedd ar stepen drws ei *motorhome*. Doedd gen i ddim syniad byth i'w ddweud wrtho. Ond pwyntiais at ei gap a gofyn, 'Ga' i dy gap di, plis?' Edrychodd Pantani arna i fel petai wedi dod o hyd i mi yn noeth o dan wely ei fam. Dydw i ddim yn deall Eidaleg ond dwi'n hollol siŵr ei fod wedi fy rhegi!

Bedair blynedd yn ddiweddarach, roeddwn i ar gopa mynydd y Col du Galibier i weld Pantani'n ymosod i ennill y Tour. Fu yna erioed feiciwr fel Pantani, yn dawnsio ar bedalau'r beic ac yn llawn cyffro. Fyddai o ddim yn ennill bob tro, ond byddai'n gwneud i galon rhywun gyflymu bob tro y byddai'n cyrraedd gwaelod unrhyw fynydd. Byddai rhywbeth yn siŵr o ddigwydd pan fyddai Pantani yn rasio.

Yn anffodus, rydyn ni'n gwybod erbyn hyn fod Pantani wedi cymryd llawer o gyffuriau, fel bron pob beiciwr arall yr adeg honno. Roedd o'n anlwcus i ddechrau ei yrfa yn y cyfnod pan oedd yn rhaid i feiciwr oedd am gystadlu ar y lefel uchaf gymryd EPO. Ond, yn wahanol i bobl fel Riis ac Armstrong, dwi'n teimlo bod Pantani wedi cael ei 'aberthu'. Ef oedd y beiciwr mwyaf cyffrous dwi erioed wedi'i weld ac roeddwn i mor drist pan fu farw yn 2004, ac yntau'n ddim ond 34 oed. Bu farw fy arwr mewn gwesty gwag yn Rimini, yr Eidal, yn unig ar ei ben ei hun ac yntau wedi cymryd gormod o gocên.

Arwr arall i mi ydi **Robert Millar**, sy'n dod o'r Alban. Rydw i'n dal i gofio'r tro cyntaf i mi ei weld. Roeddwn i'n gwylio rhaglen ddogfen o'r enw *The High Life* yn 1985 ac yn rhyfeddu at ei gorff tenau, gwyn, a'i freichiau brown tywyll – lliw haul beiciwr go iawn. Roedd Millar yn wych am ddringo elltydd, ac yn 1984 enillodd grys *polka dot* Brenin y Mynyddoedd yn y Tour de France. Prynais grys ei dîm yr adeg honno, sef Panasonic, ac rydw i wedi bod yn ffan mawr ers hynny.

Roeddwn i wrth fy modd hefyd yn gwylio **Stephen Roche** yn 1986 pan oedd uchafbwyntiau'r Tour de France ar Channel 4 am y tro cyntaf. Yn 1987 enillodd Roche y Tour de France, y Giro d'Italia a Phencampwriaeth y Byd yn yr un tymor. Bachgen o Ddulyn ydi Roche, ac roedd yn un o'r ychydig iawn o feicwyr proffesiynol oedd yn siarad Saesneg yr adeg honno. Noson ar ôl noson fe fyddwn i'n gweiddi ar y sgrin wrth wylio Roche yn rasio yn erbyn Laurent Fignon a Pedro Delgado.

Yn 1993 daeth beiciwr arall o'r Alban i'm sylw. Gwelais raglen yn dilyn **Graeme Obree** wrth iddo geisio ennill 'record yr awr', sef record enwog yn y byd beicio. Bydd beiciwr yn reidio rownd y trac am awr gyfan yn ceisio mynd mor bell â phosib, ac er ei fod yn swnio'n uffernol o ddwl mae'n gyffrous iawn. Roedd Chris Boardman wedi bwriadu torri'r record yn 1994 gyda beic carbon oedd yn gwneud defnydd o dechnoleg a gwyddoniaeth yr arbenigwyr gorau. Ond dyma Graeme Obree yn torri'r record wythnos cyn Boardman.

Roedd hanes Obree yn anhygoel. Heb geiniog i'w enw ac mewn dyled, roedd wedi trio lladd ei hun fwy nag unwaith. Mewn gwirionedd, roedd anelu am y record yma yn ffordd o achub ei fywyd. Adeiladodd feic arbennig drwy ddefnyddio darnau o hen beiriant golchi dillad, a byddai'n ymarfer drwy reidio elltydd serth yn ei gêr uchaf. Teithiodd Obree 51.596 km mewn awr i dorri'r record a dod i sylw'r byd.

Heb unrhyw amheuaeth, **Eddy Merckx** ydi'r beiciwr gorau erioed. Câi ei adnabod fel 'Cannibal', a phan fyddai'n rasio byddai'n gwrthod gadael i unrhyw un arall ennill y ras. Bu'n rasio ym mhob ras, bron, rhwng 1965 ac 1977. Y dyddiau yma bydd y beicwyr gorau yn targedu un ras fawr bob flwyddyn, ond roedd Merckx yn gallu gwneud popeth. Enillodd Bencampwriaeth y Byd dair gwaith, y Tour de France a'r Giro d'Italia bum gwaith yr un. Hefyd, enillodd bob un o'r rasys undydd gorau o leiaf ddwywaith. Fydd 'na byth unrhyw un tebyg i Eddy Merckx.

8

Beicio yng Nghymru

RYDW I WEDI BEICIO mewn llawer o lefydd yng Nghymru, ac yn fy marn i mae'n un o'r gwledydd gorau am feicio. Mae ganddon ni ffyrdd eithaf distaw o'u cymharu â gweddill gwledydd Prydain, a bryniau a golygfeydd gwych. Mae'n drueni am y gwynt, ond o leiaf mae digon o gysgod. Rydw i'n siŵr na fydda i wedi enwi rhai o'ch hoff deithiau chi, ond dyma rai o fy hoff deithiau i.

Ynys Môn

Mae angen gwneud un peth yn glir – dydi Ynys Môn ddim yn fflat! Dysgodd cannoedd o feicwyr a gymerodd ran yn y Tour de Môn yn ddiweddar fod ffyrdd Sir Fôn yn igam-ogam, yn wyntog, ond yn bendant ddim yn fflat. Does dim allt fawr ar yr ynys ond mae'n teimlo fel petaech chi'n mynd i fyny neu i lawr bob can llath. Mae'n rhaid osgoi'r A55 wrth gwrs, ond mae'n bosib gwneud cylch hardd iawn o ardal Biwmares ar hyd ffyrdd bach distaw a chysgodol i Rosneigr yng ngorllewin yr ynys. Mae'n brofiad braf croesi'r hen Bont Menai – Pont y Borth. Gall fod yn anodd dod o hyd i gaffi sydd ar agor ar fore Sul ar yr ynys, ond mae lot o feicwyr yn defnyddio Caffi Oriel Ynys Môn yn

Llangefni. Caffi Marram Grass yn Niwbwrch sy'n gwneud y tôst gorau yng Nghymru!

Eryri

Y rheswm pam mae Etape Eryri wedi dod mor boblogaidd ydi fod beicio yn Eryri yn fendigedig. Rydw i'n ddigon ffodus i gael y mynyddoedd ar stepen fy nrws cefn. Mae sawl ffordd wahanol i chi deithio yn Eryri wrth gwrs, ond mae rhai ffyrdd na ddylech chi eu colli.

Mae'r rhan fwyaf o deithiau yn yr ardal yn defnyddio ffordd hir yr A498, a'r A4085 rhwng Beddgelert a Chapel Curig. Mae'n bosib cyrraedd y ffordd drwy ddringo o Fethesda i Lyn Ogwen ar yr A5. Mae'n ddringfa eithaf hir ond ddim yn rhy galed, ac mae caffi ar y copa. Os ydych chi'n teimlo'n gryf, gallwch ddringo'r A4086 o Lanberis i Ben-y-pas, ac mae caffi ar y copa yno hefyd. Ond fy hoff siwrnai i a sawl beiciwr lleol arall yw'r A4085 o'r Waunfawr sy'n dringo'n raddol am Ryd-ddu cyn plymio i lawr i Feddgelert. Trowch i'r chwith wedyn i fyny Nant Gwynant ar yr A498, lle mae golygfeydd gorau'r ardal – yr holl ffordd i ochr dde-orllewin Pen-y-pas.

Dringfa 'gyfrinachol' ein hardal yw Drws-y-coed. Mae llwybr Etape Eryri yn mynd ar hyd y ffordd yma, ar y B4418 o Ben-y-groes i Ryd-ddu. Mae'n ffordd ardderchog, ac yn serth iawn ar y diwedd. Os ydych chi'n teimlo'n ddewr, beth am ddringo'r A470 o Fetws-y-coed i Flaenau Ffestiniog ar hyd Bwlch y Gorddinan (Crimea Pass)? Mae hon yn un o deithiau anoddaf yr ardal – mae'n hir ac yn ddiddiwedd.

Pen Llŷn

Fe fydda i'n aml yn mynd i feicio o gwmpas Pen Llŷn. Fel arfer byddaf yn teithio ar hyd y B4417 yr holl ffordd o Lanaelhaearn i Aberdaron. Mae'r ffordd ei hun yn ddigon diddorol gyda sawl allt serth, ac mae'r golygfeydd yn anhygoel. Wrth feicio ar y ffordd hon cewch aml i sioc wrth i'r môr ymddangos yn sydyn ac yn annisgwyl wrth i chi droi cornel siarp. Os ydych chi eisiau allt heriol, mae Mynydd y Rhiw rhwng Aberdaron ac Abersoch yn un arbennig, gyda golygfeydd gwych o'r copa. Mae bron unrhyw ffordd ym Mhen Llŷn yn werth ei darganfod. Ond ceisiwch osgoi'r A499 am ei bod hi'n ffordd brysur iawn ac yn gul mewn mannau.

Meirionnydd

Dylai pob beiciwr o Gymru deithio o Lan Ffestiniog i'r Bala. Mae nifer o ffyrdd gwahanol o wneud hyn ond mae pob un yn werth yr ymdrech. Gallwch fynd ar hyd y B4391 dros y Migneint, ond peidiwch anghofio edrych yn ôl o'r copa – bydd y golygfeydd ar ddiwrnod clir yn siŵr o wneud i chi ryfeddu. Mae 'na awyrgylch hudol ar gopa'r mynyddoedd hyn, gyda ffyrdd fel y B4407 yn ymdroelli drwy bentrefi hanesyddol fel Ysbyty Ifan sy'n atgoffa rhywun o'r gorffennol. Mae caffi Pont yr Afon Gam ar groesffordd y B4391 a'r B4407yn gyfleus os ydych am baned yng nghanol nunlle.

Sir Dinbych

Yn fy marn i, mae Sir Ddinbych yn un o'r llefydd beicio gorau yng Nghymru ond efallai nad yw'n cael cymaint o sylw ag mae'n ei haeddu. Mae'r ardal wedi dod yn fwy poblogaidd ers i Etape Cymru ddenu beicwyr o bob cwr o wledydd Prydain. Mae llyfr *100 Greatest Cycling Climbs* yn cynnwys sawl dringfa o gwmpas Llangollen a Rhuthun. Yn ogystal â'r enwog Fwlch yr Oernant, mae'r Shilff, y Panorama, a Bwlch Penbarras o gwmpas Rhuthun. Yn bersonol, dwi'n hoff iawn o'r 'Road to Hell', o Ddinbych i Lyn Brenig, a'r A543 rhwng Dinbych a Phentrefoelas dros Fynydd Hiraethog. Mae'r ffordd yma'n codi dros 500 metr ac yn teimlo ymhell o bobman, yn enwedig ar ddyddiau niwlog.

Y Canolbarth

Yn yr ardal i'r de o'r Bala mae sawl dringfa serth, gan gynnwys y rhai mwyaf heriol yng Nghymru, efallai. Dydi'r lonydd cefn ddim mewn cyflwr da bob amser, ac mae'r elltydd yn serth iawn. Mae Bwlch y Groes, tua hanner ffordd rhwng Dolgellau a Llyn Efyrnwy, yn un o'r rhai anoddaf yn y wlad.

Ac mae Cwm Hirnant, i'r dwyrain o Lanuwchllyn, hefyd yn ddringfa galed, ond mae'n werth mynd ar hyd y ffordd hon o'r de i'r Bala.

Fe ges i'r pleser o feicio yn ardal Aberystwyth y llynedd am y tro cyntaf. Ond nid dyna fydd y tro olaf, gobeithio. Mae **sportif** Gorllewin Gwyllt Cymru (Welsh Wild West) yn cynnwys y ddringfa harddaf rydw i erioed wedi'i reidio yng Nghymru. Mae'r ffordd o Dal-y-bont i Nant-y-moch ac wedyn dros fynyddoedd Cambria yn fendigedig. Mae'n mynd dros bontydd ac argae neu ddau, ac yn cynnwys corneli hir, dramatig, ac yn aml iawn bydd y barcud coch i'w weld yn hedfan dros gaeau yn llawn o flodau gwyllt.

Powys

Mae'n rhaid i fi gyfaddef nad ydw i wedi cael llawer o brofiad o feicio ar fynyddoedd Powys. Ond wna i byth anghofio'r tro hwnnw y teithiais i dros y mynydd o Fachynlleth i Lanidloes. Mae'r ffordd yma, heibio pentref Forge, yn un o'r rhai gorau yng Nghymru. Mae'r allt yn dringo ac yn dringo nes cyrraedd maes parcio ar y copa lle mae cofeb i'r darlledwr Wynford Vaughan Thomas. Hon oedd ei hoff olygfa yng Nghymru ac mae'n hawdd gweld pam. Ar ddiwrnod clir, mae'n bosib gweld Eryri i'r gogledd, a mwynhau panorama Bannau Brycheiniog i'r de. Dyma'r lle i chi os ydych am weld Cymru gyfan mewn un eiliad.

Mae tair dringfa arall yn agos iawn at ei gilydd i'r de-orllewin o Lanidloes. Mae'r rhain yn ymddangos yn llyfrau'r *Greatest Climbs*, ac felly yr ardal yma ydi'r nesaf ar fy rhestr o lefydd i ymweld â nhw. Mae gan y ffordd o Abergwesyn i Dregaron, dros fynyddoedd Cambria, enw da iawn ymhlith beicwyr drwy Prydain. Hefyd, mae Grisiau'r Diafol (Devil's Staircase; 25 y cant), Gamallt (20 y cant) ac Esgair Ffrwd (15 y cant) i'w dringo o fewn ychydig filltiroedd i'w gilydd. Bydd yn rhaid i fi golli ychydig mwy o bwysau cyn mentro yno!

Gwent

Mae'r Fenni yn ganolfan feicio bwysig a phoblogaidd iawn, ac mae pencampwriaeth Prydain wedi cael ei chynnal yn yr ardal sawl gwaith. Lle arall gwych i feicio ydi'r Mynyddoedd Duon. Mae'r Tymbl yn un o fynyddoedd mwyaf heriol y Tour of Britain ac mae Mynydd Llangynidr hefyd yn werth ymweliad. Pan oeddwn i'n byw yng Nghaerdydd, byddwn i'n aml yn beicio o Rymni i Gasnewydd ar ffyrdd tawel y tir corsiog ar lan y môr. Mae'n braf croesi afon Wysg ar Bont Lwyfan Casnewydd a mentro ar hyd ffyrdd gwledig Cwm Wysg.

Bro Morgannwg

Rydw i wedi neidio o Gasnewydd, heibio Caerdydd, yn syth i Fro Morgannwg. Wedi'r cwbl, dyma lle mae llawer iawn o feicwyr y brifddinas yn mynd i osgoi'r traffig trwm. Mae'r daith rhwng Sain Ffagan a Phen-y-bont ar Ogwr yn braf iawn. Dyna'r ffordd fyddwn i'n ei defnyddio yn aml i fynd am baned yn y caffi beicio poblogaidd ar y bont dros yr A48 ger y Bont-faen. Tydi'r caffi ddim yno bellach ond mae seiclwyr yn ymgynnull yn rheolaidd mewn caffi o'r enw Cafe Velo yn Llanilltud Fawr.

Y Cymoedd

Er bod tirlun y Cymoedd yn ymddangos yn un da iawn i feicwyr, mae'r prif ffyrdd yn gallu bod yn rhy brysur i fwynhau taith hir yno. Wrth gwrs, mae 'na ffyrdd da i'r rhai sy'n gyfarwydd â'r ardal. Mae mynyddoedd y Rhigos a'r Bwlch, ger Treorci, yn bendant yn werth ymweld â nhw. Mae rhai beicwyr a chlybiau beicio hefyd yn beicio i'r gogledd o Gaerdydd i Fannau Brycheiniog.

Sir Benfro

Sir Benfro yw un arall o fy hoff lefydd i feicio yng Nghymru. Mae'n sir eithaf tawel ac mae'r golygfeydd yn fendigedig. Mae'n werth rhoi cynnig ar un o'r sportifs i gael blas o'r ardal. Dydi beicio ddim yn hawdd yma am fod llawer o elltydd, yn enwedig ar y ffyrdd serth sy'n cysylltu pentrefi glan y môr. Rydw i'n hoff iawn o'r daith fer o Ddinbych-y-pysgod i Angle. Ond bydd y gwynt yn ffactor bwysig i'w ystyried, wrth gwrs, cyn cynllunio'r daith, fel arfer o'r de-orllewin.

9

Beicwyr enwog o Gymru

ROEDD POBL WEDI BOD yn reidio beic o ryw fath am hanner canrif cyn i'r ras feicio swyddogol gyntaf gael ei chynnal ym Mharis yn 1868. Ar gyfer pobl gyfoethog yn unig yr oedd beicio tan i'r *safety bicycle* gael ei ddyfeisio yn ystod yr 1880au. Gyda dwy olwyn yr un faint, a theiars niwmatig, daeth y ffordd yma o deithio yn boblogaidd iawn ymysg pobl o bob oed.

Cafodd Clwb Beicio Aberdâr ei sefydlu yn 1884, a'r adeg honno hefyd ffurfiwyd clybiau eraill dros dde Cymru, yn cynnwys yr Acme Wheelers yn y Rhondda, y Cardiff Jockeys a'r 100 Milers yng Nghaerdydd. Yn ystod y 1880au yr oedd cynnydd enfawr mewn chwaraeon yn ne Cymru. Roedd llawer iawn o Gymry a Saeson ifanc wedi cyrraedd i weithio fel glowyr neu yn un o'r diwydiannau trwm.

O Wlad yr Haf (Somerset) daeth y teulu Linton i Aberdâr, ac yn 1891 mae cofnod i Samuel Linton gael ei arestio am 'reidio'n ffyrnig' ym Mharc Aberdâr. Roedd y teulu i gyd yn feicwyr brwd, gan gynnwys Arthur, brawd Sam. Erbyn 1890 roedd Arthur yn teithio i gae rygbi'r Harlequins yng Nghaerdydd i gystadlu ac ennill rasys.

Er i **Arthur Linton** gael ei eni yn Lloegr, roedd yn ystyried ei hun yn Gymro a byddai'n rasio â'r tair pluen ar ei frest. Yn 1893, mae 'na gofnod i Linton reidio 22 milltir a 150 llath mewn awr ar drac yr Harlequins. Roedd hynny'n record byd – yn answyddogol – yr adeg honno, ond dydi enw Linton ddim yn ymddangos yn y llyfrau swyddogol. Cyn bo hir roedd y glöwr yn barod i droi at feicio yn broffesiynol.

Aeth Linton i Baris y flwyddyn honno gyda'i reolwr newydd, sef Choppy Warburton. Ar y ffordd i Baris, torrodd Linton record y byd am 100 milltir ar drac Herne Hill yn Llundain. Aeth ymlaen i ennill ras ar ôl ras yn ei flwyddyn gyntaf ym Mharis. Llwyddodd hefyd i dorri'r record mewn sawl pellter gwahanol ac ennill clod tyrfa fawr o dros 20,000 o bobl wrth guro beicwyr gorau Ewrop. Roedd Linton yn ffrindiau â beiciwr ifanc o Aberdâr, sef Jimmy Michael, ac mae adroddiadau am Linton yn ymarfer gyda Michael a hyd yn oed yn rhoi benthyg ei feic gorau iddo i rasio.

Yn 1894, ymunodd **Jimmy Michael** a **Tom Linton** ag Arthur fel beicwyr proffesiynol ym Mharis. Aeth Michael yn bellach, gan ennill rasys ar draws Ewrop, yn yr Almaen ac yng Ngwlad Belg. Yn 1895 daeth Jimmy Michael yn Bencampwr y Byd ar ôl ennill ras yn Cologne. Cafodd Michael ei fraslunio mewn llun gan neb llai na Toulouse-Lautrec, un o arlunwyr mwyaf enwog Paris yn yr oes honno.

Bellach roedd Arthur Linton yn seren go iawn yn y byd beicio, ac yn cystadlu yn rhai o rasys mwyaf y dydd. Roedd o'n bedwerydd yn ras Paris–Roubaix yn 1896, ac wedyn daeth ei gamp fwyaf wrth iddo ennill ras enwog Bordeaux–Paris yn yr un flwyddyn. Bu farw Arthur Linton o'r teiffoid, dim ond chwe wythnos ar ôl ennill y ras. Erbyn hyn mae plac glas ar wal cartref Linton yn Aberdâr.

Ar ôl marwolaeth Linton aeth Jimmy Michael i America, lle bu'n rasio yn erbyn brawd Arthur, sef Tom Linton. Roedd Michael wedi cyhuddo'i reolwr Choppy Warburton o roi gwenwyn iddo, i wneud iddo golli rasys. Roedd o wedi dechrau arafu, a byddai'n straffaglu weithiau i gadw llinell syth ar y beic. Pan fu farw Jimmy Michael, fel Arthur Linton, cyn bod yn 30 oed, cododd cwestiynau am ddylanwad Warburton ar y ddau feiciwr. Oedd cyffuriau yn ffactor ym marwolaeth y ddau?

Mae enw **Reg Braddick** yn gyfarwydd iawn i bobl Caerdydd fel perchennog siop beiciau ar Broadway yn ardal y Rhath. Ond efallai nad ydi pawb yn gwybod bod Reg Braddick ei hun yn feiciwr o'r safon uchaf. Cafodd Reg ei eni yn 1913, ac fel Jimmy Michael yn Aberdâr roedd Braddick yn arfer beicio wrth ei waith fel bachgen oedd yn gweithio mewn siop cigydd. Bu'n cynrychioli Cymru yng Ngêmau'r Gymanwlad yn Awstralia yn 1938, ond cafodd ei lwyddiant mwyaf yn 1944 pan enillodd Bencampwriaeth Prydain. Agorodd y siop y flwyddyn wedyn, yn 1945, a sefydlu Clwb Beicio Ajax Caerdydd yn 1948. Datblygodd y clwb i fod yn un o glybiau mwyaf enwog Cymru. Bu farw Reg Braddick yn 1999.

Colin Lewis oedd yr unig Gymro i gystadlu yn y Tour de France cyn i Geraint Thomas wneud hynny yn 2007. Cafodd Lewis ei fagu yn ne Cymru, ond symudodd y teulu i Ddyfnaint (Devon) pan oedd yn blentyn. Tyfodd Lewis yn fachgen cryf iawn wrth feicio'r elltydd lleol pan fyddai'n dosbarthu papurau newydd. Ar ôl ennill sawl ras, cafodd ei ddewis i gynrychioli Prydain yng Ngêmau Olympaidd Tokyo yn 1964. Ar ôl symud i Lydaw i ymuno â chlwb Vannes, fe gafodd Lewis y cyfle i ymuno â thîm Peugeot. Ond yn lle derbyn y cynnig penderfynodd fynd adref, a chafodd ei ddewis i gynrychioli tîm Prydain yn y Tour de France yn 1967. Roedd o'n rhannu ystafell â Tom Simpson, a fu farw wrth ddringo Mont Ventoux y flwyddyn honno. Cymerodd ran yn y Tour unwaith eto yn 1968, y Cymro olaf i wneud hynny am bron i 40 mlynedd. Roedd Lewis yn bencampwr Prydain yn 1967 ac 1968, yr unig feiciwr i ennill y ras ddwy flynedd yn olynol. Enillodd 250 o rasys yn ystod ei yrfa.

Cafodd **Nicole Cooke** ei geni yn Abertawe ond cafodd ei magu yn y Wig ym Mro Morgannwg. Mae'r ardal yma'n boblogaidd iawn gan feicwyr ac roedd teulu Nicole yn aelodau o glwb Cardiff

Ajax. Cafodd Nicole ddechrau anhygoel, gan ennill Pencampwriaeth Prydain am rasio ar y ffordd yn 1999 pan oedd yn ddim ond 16 oed. Hi oedd y ferch ieuengaf erioed i ennill y ras, a'r flwyddyn wedyn enillodd Bencampwriaeth y Byd, Adran Iau, am rasio ar y ffordd ac ar feic mynydd. Yn 2001 enillodd bron pob ras y gwnaeth hi gystadlu ynddi, gan gynnwys pencampwriaethau Prydain a'r Byd am feicio ar y ffordd, beicio yn erbyn y cloc (*time trial*) a beicio mynydd.

Yn 2002 aeth Nicole i'r Eidal er mwyn troi'n broffesiynol. Ar ôl blwyddyn lwyddiannus iawn yn 2003, enillodd wobr Personoliaeth Chwaraeon y Flwyddyn BBC Cymru. Enillodd Gwpan y Byd yn 2003 a 2006, a rhwng 2001 a 2009 enillodd Bencampwriaeth Prydain naw gwaith yn olynol. Daeth uchafbwynt gyrfa arbennig Nicole Cooke yn 2008 pan enillodd Bencampwriaeth y Byd a'r fedal aur yn y Gêmau Olympaidd yn Beijing am rasio ar y ffordd. Heb amheuaeth, hi yw'r ferch orau ar gefn beic o Gymru erioed.

Fel plentyn o Lwynbedw (Birchgrove) yng Nghaerdydd, ymunodd **Geraint Thomas** â chlwb lleol, sef y Maindy Flyers, pan oedd yn 10 oed. Ar ôl cael llwyddiant mewn rasys ieuenctid, cafodd Thomas le yn academi British Cycling. Wrth ymarfer yn Awstralia ac yntau'n ddim ond 19 oed, cafodd ddamwain ddifrifol ac roedd yn rhaid iddo gael tynnu ei ddueg (*spleen*). Ond yn 2007, fel aelod o dîm Barloworld, fe wnaeth Thomas gystadlu yn y Tour de France. Y flwyddyn wedyn penderfynodd beidio â chystadlu yn y Tour na chymryd rhan yn y Giro d'Italia er mwyn canolbwyntio ar y Gêmau Olympaidd yn Beijing. Ar ôl ennill medal aur fel aelod o'r tîm *pursuit* derbyniodd Thomas yr MBE.

Ymunodd Geraint Thomas â Team Sky yn 2010 ac ennill Pencampwriaeth Prydain yr un flwyddyn. Cafodd ei lwyddiant proffesiynol cyntaf yn 2011 pan enillodd ras Bayern–Rundfahrt yn Bafaria, yr Almaen. Ond erbyn hyn roedd Thomas yn chwarae rhan *domestique*, yn helpu arweinwyr ei dîm mewn rasys, yn hytrach na cheisio ennill y rasys ei hun. Treuliodd 2012 yn ymarfer ar gyfer cystadlaethau trac Gêmau Olympaidd Llundain, ac enillodd fedal aur fel aelod o'r tîm *pursuit* unwaith eto.

Ond roedd Thomas wedi dechrau cael ei adnabod fel beiciwr a fyddai'n cael nifer o ddamweiniau. Yn 2013 methodd orffen tair ras glasur – y Milan–San Remo, y Ronde van Vlaanderen a'r Paris–Roubaix – oherwydd iddo ddisgyn oddi ar ei feic. Ond pan gwympodd yn drwm yn gynnar yn y Tour de France y flwyddyn honno, doedd neb yn disgwyl iddo ddal ati. Enillodd lawer o glod am orffen y Tour ac yntau wedi rhwygo'r pelfis. Roedd Thomas yn edrych yn gryf iawn fel un o arweinwyr tîm Sky yn rasys gwanwyn 2014, ac enillodd fedal aur yng Ngêmau'r Gymanwlad yn Glasgow. Bydd y beiciwr poblogaidd hwn yn gobeithio cael mwy o gyfleoedd i ennill rasys mawr yn 2015.

Pan oedd yn ddyn ifanc, roedd **Mark Colbourne** o Dredegar yn fabolgampwr brwd. Bu'n aelod o dîm pêl foli Cymru rhwng 1990 ac 1993. Roedd hefyd wedi cystadlu mewn sawl triathlon cyn torri ei gefn pan ddisgynnodd wrth baragleidio yn 2009. Doedd Mark ddim am roi'r gorau i chwaraeon a dechreuodd rwyfo dan do, cyn troi at feicio yn ddiweddarach. Yn 2012, lai na thair blynedd ar ôl torri ei gefn, enillodd Bencampwriaeth y Byd i Bara-feicwyr ar y Trac (Para-cycling Track World Championships). Uchafbwynt ei yrfa oedd ennill medal aur a dwy fedal arian yn y Gêmau Olympaidd yn Llundain.

Mae **Becky James** o'r Fenni wedi serennu ar y trac ers iddi ddechrau rasio i Glwb Beicio'r Fenni. Yn 2009 enillodd Becky James ddwy fedal yn Adran Iau Pencampwriaethau Trac y Byd. Yna, yn 2013, enillodd hi bedair medal ym Mhencampwriaeth y Byd. Mae gan y seren ifanc hon, sy'n gariad i'r chwaraewr rygbi George North, ddyfodol disglair yn y gamp.

Un arall sydd â dyfodol disglair yw **Manon Carpenter**, Pencampwraig y Byd am Feicio i Lawr Mynydd. Daw o Gaerffili, ac mae Manon wedi ennill sawl teitl byd yn yr Adran Iau cyn ei llwyddiant arbennig yn 2014. Mae **Elinor Barker** o Gaerdydd yn bencampwraig byd fel aelod o dîm *pursuit* ar y trac. Ar hyn o bryd, mae **Luke Rowe** yn aelod o dîm

Sky ac **Owain Doull** yn aelod o dîm newydd Bradley Wiggins.

Mae beicio cystadleuol yng Nghymru wedi datblygu llawer iawn yn yr ugain mlynedd diwethaf. Ar ôl blynyddoedd heb yr un beiciwr Cymreig ar lwyfan y byd, erbyn hyn mae'r Cymry yn amlwg iawn yn y maes.

10

Beth yw beicio?

MAE'R GAIR *BEICIO* YN golygu rhywbeth gwahanol i bawb. Mae'r term wedi dod i awgrymu rhywun sy'n gwisgo Lycra a helmed yn rasio'n ffyrnig ar hyd lonydd cefn gwlad, ond mae beicio'n weithgaredd sy'n digwydd ar sawl lefel.

Beicio'n hamddenol

Roedd 'na gyfnod, tua deg mlynedd yn ôl, pan fyddai pob delwedd gyhoeddus o feicio'n dangos teulu o bedwar yn teithio'n hamddenol ar y ffordd mewn haul braf. Mae'r ddelwedd yna'n dal yn ffordd ddeniadol o ddenu beicwyr newydd, wrth i fwy a mwy o lonydd diogel gael eu hagor gan yr elusen Sustrans. Mae 1,200 o filltiroedd o lonydd tawel a lonydd beicio ar gael ar y Rhwydwaith Beicio Cenedlaethol. Cafodd 29 miliwn o deithiau eu gwneud arnyn nhw yn 2011.

Mae'r rhwydwaith yn rhedeg ar draws Cymru, gyda Lôn Las Cymru (Llwybr 8) yn mynd o Gaerdydd i Gaergybi.

Gweler: www.sustrans.org.uk

Teithio i'r gwaith

Gyda llawer mwy o draffig, mae teithio i'r gwaith

ar gefn beic wedi dod yn boblogaidd iawn, yn enwedig i bobl sy'n byw mewn dinas. Mewn rhai llefydd mae'n gallu bod yn gynt i gyrraedd ar feic nag mewn car, ac yn llawer rhatach. Mae lonydd beicio yn boblogaidd iawn yng Nghaerdydd, gyda llawer yn defnyddio llwybr Taith Taf i deithio i galon y ddinas ar lôn hardd ar lan yr afon. Mae ymchwil wedi dangos bod pobl sy'n beicio i'r gwaith yn pwyso hanner stôn (7 pwys) yn llai ar gyfartaledd. Mae rhai'n teithio yn eu dillad gwaith ac eraill yn gwisgo *kit* beicio llawn ac yn newid ar ôl cyrraedd y swyddfa. Erbyn hyn mae llawer o gwmnïau'n cynnig adnoddau i'w staff – lle i gael cawod, er enghraifft. Mae'r cynllun Beicio i'r Gwaith wedi profi'n hynod o boblogaidd, gyda llawer yn manteisio ar y cyfle i brynu beic yn rhad er mwyn teithio i'r gwaith. Mewn rhai llefydd mae hefyd yn bosib hawlio costau beicio yn lle gyrru.

Gweler www.cyclescheme.co.uk

Beicio Trac

Dydi o ddim yn gyd-ddigwyddiad fod beicwyr Prydain wedi bod yn llawer mwy llwyddiannus ers adeiladu'r Velodrome ym Manceinion yn 1994. Ac mae Felodrom Cenedlaethol Cymru yng Nghasnewydd wedi bod yn hwb mawr i feicio yng Nghymru ers 2003. Mae'r felodrom yma, yn ogystal â'r hen draciau ym Maendy ac yng Nghaerfyrddin, wedi bod yn allweddol yn natblygiad cenhedlaeth o feicwyr llwyddiannus fel Geraint Thomas, Luke Rowe, Owain Doull, Becky James ac eraill. Cafodd Canolfan Maendy ei hadeiladu ar gyfer Gêmau'r Gymanwlad, Caerdydd, yn 1958. Mae trac yng Nghaerfyrddin sydd yn un o'r rhai hynaf yn y byd ac yn dal i gynnal cystadlaethau rasio. Ddechrau'r ugeinfed ganrif roedd y trac yn denu miloedd o gefnogwyr i wylio rasys.

Yn anffodus, does dim felodrom go iawn yng ngogledd Cymru, ond mae rhai beicwyr yn teithio i Fanceinion i ymarfer. Mae beicio ar drac yn brofiad gwahanol iawn ac mae'n dysgu tactegau pwysig iawn yn y byd rasio. Mae'n bosib ymuno â'r clybiau sy'n cael eu rhedeg ar y traciau rasio, fel y Maindy Flyers neu'r Newport Velo. Mae hefyd yn bosib bwcio sesiwn fel clwb neu fel unigolyn.

Gweler www.newport.gov.uk/activeNewport/index.cfm/velodrome

Yn ardal Casnewydd mae'n bosib ymuno â chlwb sy'n cystadlu mewn ffurf newydd o feicio, sef Cycle Speedway. Mae'r rasys hyn yn digwydd ar drac *speedway* gyda phedwar beiciwr ym mhob ras.

Beicio mynydd

Mae Cymru yn un o'r llefydd gorau yn Ewrop am feicio mynydd. Pan ddechreuais i feicio mynydd, 'nôl yn y 1990au, roedd y rhan fwyaf o'r teithiau yn mynd ar draws gwlad ar lwybrau ceffylau ac weithiau, yn anghyfreithlon, ar lwybrau cerdded. Mae'n dal yn bosib beicio'n 'wyllt' fel hyn wrth gwrs, ond bellach mae canolfannau arbennig iawn wedi cael eu sefydlu, sy'n addas i bob math o feiciwr. Mae 'na deithiau hawdd i'r teulu a rhai o'r cyrsiau i lawr allt mwyaf heriol yn Ewrop:

Parc Coedwig Afan (Glyncorrwg)
Antur Stiniog (Blaenau Ffestiniog)
Coed Llandegla (Wrecsam)
Coed-y-brenin (Dolgellau)
Coed Trallwm & Elan Valley (Llanwrtyd Wells)
Cwmcarn (Cwmcarn)
Bike Park Wales (Merthyr Tudful)
Nant-yr-arian (Aberystwyth)
Gweler: www.mbwales.com

BMX
Mae beicio BMX yn boblogaidd iawn, yn enwedig ers y cystadlaethau cyffrous yng Ngêmau Olympaidd Llundain yn 2012. Mae rasys BMX yn fyr ac yn sydyn. Maen nhw'n digwydd ar drac arbennig gyda rampiau, corneli, twmpathau a neidiadau. Mae 'na ddau glwb swyddogol yng Nghymru: ym Maesteg, ger Pen-y-bont ar Ogwr, ac yn y Rhyl yn y gogledd.

Teithio'n hamddenol
Yn ogystal â beicio'n hamddenol gyda'r teulu neu

ffrindiau, mae'n bosib ymuno â chlwb sydd ddim yn gystadleuol. Ffurfiwyd y Cyclists' Touring Club mor gynnar ag 1878 ac erbyn hyn mae'r clwb yn cynrychioli pob math o feicio. Mae 'na ganghennau o'r clwb ym mhobman. Cewch groeso mawr gan aelodau sy'n mwynhau beicio er mwyn ymlacio mewn awyrgylch cefnogol.

Gweler www.ctc.org.uk

Rasio ar y ffordd

Pan ddechreuodd beicio cystadleuol yn y 19eg ganrif, roedd yr awdurdodau yn erbyn rasio ar y ffordd. Felly, roedd raid i feicwyr gynllunio dulliau o guddio'u rasio. A dyna sut dechreuodd treialon wedi'u hamseru. Byddai beicwyr yn gwisgo dillad du, yn mynd dros gwrs un ar y tro yn gynnar iawn yn y bore, gan rasio yn erbyn y cloc. Roedd pob cwrs yn defnyddio rhif arbennig fel cod cyfrinachol i daflu'r heddlu oddi ar eu trywydd.

Erbyn hyn, rasio yn erbyn y cloc ydi'r dull mwyaf poblogaidd o rasio ar y ffordd ym Mhrydain. Mae clybiau'n trefnu digwyddiadau rheolaidd yn ystod y tymor, a hynny dros 10, 25 neu 50 o filltiroedd. Mae'n bosib cystadlu ar unrhyw lefel, gydag unrhyw feic. Ond mae arbenigwyr yn y maes wedi mynd yn bellach nag unrhyw fath arall o feiciwr i wella'u perfformiad – heblaw am feicwyr i lawr mynydd, efallai. Mae aerodynameg yn hollbwysig i feicwyr sy'n cael eu hamseru, ac mae'n bosib prynu helmedau, bariau a beiciau isel arbennig i'r math yma o feicio.

Cafodd y ras ffordd gyntaf ym Mhrydain ei chynnal rhwng Wolverhampton a Llangollen yn 1942. Ond mae 'na brinder rasys ffordd yng Nghymru erbyn hyn, yn enwedig yn y gogledd. Mae rheolau iechyd a diogelwch, costau uchel yswiriant, a phroblemau hyfforddi a thrwyddedu *marshalls* wedi lleihau nifer y rasys hyn. Mae 'na rai rasys da o hyd, fel y Junior Tour of Wales, Tour of the Mining Valleys a Ras De Cymru. Ond mae llawer o rasio'n digwydd ar ffyrdd sydd wedi'u cau, fel Ras Ffordd y Gogarth, neu ar draciau arbennig, fel Marsh Tracks yn y Rhyl, a Phem-bre, ger Llanelli. Mae'n bosib cael trwydded rasio British Cycling a chystadlu fel unigolyn neu fel aelod o glwb rasio.

Gweler: www.britishcycling.org.uk/wales

Sportif (sportive)

Mae'r sportif neu'r *Gran Fondo* wedi dod yn boblogaidd iawn yn ddiweddar. Mae'n debyg i ras ond heb wobr am ennill, ac yn reid heriol fel arfer. Does 'na ddim canlyniadau, ond byddwch chi'n gwisgo rhif a bydd y trefnwyr yn cadw cofnod o'ch amser drwy ddefnyddio sglodyn electronig. Rydyn ni'n ddigon lwcus yng Nghymru i gael rhai o'r sportifs gorau ym Mhrydain. Y Dragon Ride yw sportif mwyaf Prydain, ac roedd Etape Cymru yn cael ei chynnal dros ffyrdd sydd wedi'u cau i geir.

Ond, yn anffodus, bydd y ffyrdd ar agor i geir eleni, yn dilyn cwyn gan bobl leol.

Rydw i wedi cymryd rhan mewn sawl sportif yng Nghymru erbyn hyn, ac wrth wneud hynny wedi cwrdd â llawer iawn o feicwyr. Ar y dechrau byddwn i'n cyfri pob un wrth ei basio ac yn teimlo balchder wrth fynd heibio, ond gyda phrofiad rydw i wedi dysgu bod llawer o'r beicwyr â hanes tebyg i fi. Roedd un dyn ar Etape Eryri wedi cael triniaeth ddifrifol ar y ddueg (*spleen*). Rydw i wedi cwrdd â sawl beiciwr sy'n dioddef, neu sydd wedi dioddef, o ganser ac eraill â phroblemau'r galon. Bydd meddygon yn aml yn awgrymu seiclo fel ffordd dda o wella iechyd pobl sy'n ddifrifol wael. Ac, fel fi, maen nhw'n mwynhau'r ymarfer ac yn teimlo'n fyw wrth feicio. Mae sportifs yn cynnig targed gwych i gymaint o bobl am gymaint o resymau gwahanol.

Mae'r Wales Sportive yn Ninbych-y-pysgod yn arbennig iawn. Am un penwythnos hir, y Long Course Weekend, caiff yr holl dref ei 'meddiannu' gan y triathlon. Mae'r awyrgylch yn wych, gyda pharti mawr yng nghanol y dref. Mae sportif Gorllewin Gwyllt Cymru yn ardal Aberystwyth yn cynnig golygfeydd gwych ar hyd un o'r teithiau gorau, yn fy mhrofiad i. Ond, wrth gwrs, fy hoff sportif yw Etape Eryri, sy'n mynd ar hyd lonydd beicio yn agos at fy nghartref. Mae mor braf gweld ymwelwyr yn genfigennus o'r lonydd beicio, ac

83

mae'n gwneud i fi deimlo'n ddiolchgar iawn o'r ardal lle rydw i'n byw.

Sportifs Cymru

Arfordir y Cambrian (Aberdyfi)
Bala Devil (Y Bala)
Brecon Devil (Aberhonddu)
Etape Cymru (Llangollen)
Etape Eryri (Caernarfon)
Gorllewin Gwyllt Cymru (Aberystwyth)
Gran Fondo Conwy (Conwy)
Hay Bike Fest (Gelli Gandryll)
Herio (Gwent)
Iron Mountain (Sir Fynwy)
Merlin (Sir Gaerfyrddin)
Preseli Angel (Trefdraeth, Sir Benfro)
Tour de Môn (Caergybi)
Tour of Pembrokeshire (Tyddewi)
Valleys Velo (Cwm Rhondda)
Velothon Wales (Caerdydd)
Wales Sportive (Dinbych-y-pysgod)
Wiggle Dragon Ride (Port Talbot)

Mae'n bosib gwneud llawer o sportifs mawr yn Lloegr, ac yn bellach i ffwrdd yn Ewrop. Bob blwyddyn caiff beicwyr amatur y cyfle i reidio un cymal o'r Tour de France. L'Étape du Tour yw sportif enwocaf yn y byd. Y sportif hynaf, a ddechreuodd yn 1982, yw La Marmotte. Mae'r cwrs yn mynd dros rai o fynyddoedd anoddaf yr Alpau ac yn cael ei ystyried fel y mwyaf anodd ohonyn nhw i gyd.

Mae 'na sportifs yn yr Eidal hefyd, a'r un mwyaf poblogaidd yw'r Maratona dles Dolomites. Mae'n bosib ymuno â'r 9,000 o feicwyr sy'n teithio mynyddoedd y Dolomites yng ngogledd-ddwyrain yr Eidal. I gael profiad o rasys y Clasuron, mae'n bosib beicio ar hyd union lwybr ras Paris–Roubaix neu'r Tour of Flanders y diwrnod cyn y ras go iawn.

Gweler: www.cyclosport.org

Audax

Mae cymdeithas Audax yn trefnu teithiau sy'n cynnig persbectif gwahanol i feicio ar y ffordd. Nid cyflymdra sy'n bwysig ar reid Audax, ond pellter. Mae'r rhain yn cynnig profiad tebyg i sportif heb rai o'r manteision, ond heb y costau hefyd. Rhaid dilyn taith heb arwyddion, swyddogion, cefnogaeth dechnegol, na stondinau bwyd. Does 'na ddim llinell derfyn, neb ar yr uchelseinydd yn cynnig croeso, ac yn bwysig iawn does neb yn cofnodi'r amser chwaith. Mae terfyn amser (*time limit*), ond mae'n hael iawn, a does dim hawl i gyrraedd cyn amser arbennig, i wneud yn siŵr nad oes neb yn trio rasio.

Ar ôl ymuno â'r clwb ar-lein, fe wnes i gymryd rhan mewn reid Audax, sef Sych it and Sea, taith 210 km (130 milltir) o gwmpas Gwynedd, gan ddechrau ym Mwlch Sychnant, ger Conwy. Gan nad oes yna swyddogion, rhaid i'r beicwyr brofi iddyn nhw fod yn rhai o'r llefydd ar y daith cyn hynny. Bu'n rhaid i fi gael taleb o siop ym Metws-y-coed, stamp o Gaffi Eric yn Nhremadog, taleb arall o Aberdaron ac ateb cwestiwn am arwydd tŷ ar y Foryd yng Nghaernarfon.

Mae aelodau cymdeithas Audax yn ymweld â phob rhan o Brydain ar y teithiau hyn. Maen nhw'n ennill pwyntiau am orffen pob taith, ac mae 'na dabl cynghrair o aelodau sydd wedi cwblhau'r teithiau. Roedd rhai ar daith Sychnant wedi cymryd rhan yn Mille Cymru. Credwch neu beidio, roedden nhw wedi seiclo 1,000 km, sef 600 milltir, mewn tri diwrnod. O Amwythig i Bont-y-pŵl, yna i Abergwaun, trwy'r canolbarth i Fangor ac yn ôl. Mae hyn yn apelio at fy ochr fasocistaidd i! Fydda i byth yn mynd yn gyflym, dim ond gobeithio mynd yn bellach ac yn bellach. Mae gen i darged uchelgeisiol ar gyfer y dyfodol, sef y daith 600 km, Paris–Brest–Paris. Dydw i ddim yn hyderus y bydda i byth yn ddigon ffit i wneud hynny. Ond un peth sy'n sicr. Rydw i'n benderfynol o ddal ati.

Gweler: www.aukweb.net

Beicio traws-gwlad

Mae *cyclo-cross*, neu feicio traws-gwlad, yn ffordd boblogaidd i feicwyr gadw'n heini dros y gaeaf. Mae rasys beicio traws-gwlad yn cael eu cynnal dros gwrs o wair a mwd, gydag amrywiaeth o rwystrau. Bydd un cylch yn llai na milltir o hyd. Mae pob cwrs yn wahanol ond mae'n debygol y bydd yn rhaid cario'r beic am gyfnod, neu redeg wrth ei ochr. Gellir defnyddio beic ffordd wedi'i addasu â theiars arbennig, neu mae rhai'n defnyddio beiciau mynydd. Fel arfer, bydd arbenigwyr yn defnyddio dau feic ar gyfer pob ras. Mae'r chwaraeon yma'n denu miloedd i ddigwyddiadau poblogaidd iawn yng Ngwlad Belg, ac mae Sven Nys yn seren enwog yn y maes.

Gweler: www.cyclocrosswales.co.uk/

Rhai termau beicio

Autobus

Enw arall ar *autobus* yn yr Eidal yw *gruppetto*. Grŵp o
feicwyr o wahanol dimau ydi hyn, a byddan nhw'n
reidio efo'i gilydd ar ddiwedd ras ar ôl diwrnod
caled o rasio mewn cymalau. Fel arfer, bydd y grŵp
yn cynnwys sbrintwyr – beicwyr sydd ddim yn gryf
iawn yn y mynyddoedd. Bwriad y grŵp ydi reidio
mor araf â phosib ond aros o fewn y terfyn amser.

Beiciwr GC

Mae beiciwr GC (Grand Classification) yn cymryd
rhan mewn ras gymalau. Mae'n trio ennill neu
orffen yn uchel yn y gystadleuaeth, ac ennill y
ras yn gyfan gwbl yw ei nod. Fel arfer, bydd yn
arweinydd ac yn cael ei amddiffyn gan weddill
aelodau'r tîm yn ystod y ras.

Domestique

Gwaith y *domestique* yw edrych ar ôl y beicwyr
yn y tîm sydd wedi cael eu dewis fel y rhai i'w
hamddiffyn. Gall y gwaith gynnwys mynd 'nôl a
'mlaen i gar y tîm i nôl poteli a dillad i'r goreuon.
Bydd *domestique* yn reidio o flaen arweinydd y tîm
i'w amddiffyn rhag y gwynt. Os caiff yr arweinydd

byncjar neu os bydd rhywbeth o'i le ar ei feic, bydd yn rhaid i'r *domestique* roi ei feic ei hun iddo. Mae'n swnio'n rhyfedd, ond dydi *domestique* ddim yno i ennill y ras. Weithiau mae'n cael rhyddid i drio torri i ffwrdd oddi wrth y peloton, ond ddim yn aml.

Echelon

Fel arfer, bydd grŵp o feicwyr yn reidio mewn llinell syth neu linell ar siâp saeth. Bydd y beicwyr sy'n arwain y grŵp yn gorfod gweithio'n galed yn erbyn y gwynt tra mae'r rheini sydd tu ôl iddyn nhw'n cael cysgod. Ond pan fydd gwynt yn chwythu ar draws y ffordd bydd echelon yn cael ei ffurfio. Bydd llinell groes ar y blaen yn rhoi cysgod i'r rheini sydd wrth ochr y beiciwr cyntaf. Mae hyn yn cynnig cyfle da i dîm adael y peloton ar ôl, hyd yn oed ar dir fflat.

Jour Sans

Yn llythrennol, 'diwrnod gwag' ydi ystyr y term Ffrangeg yma. Yn ystod ras gymalau, mae'n debygol y bydd beiciwr yn cael diwrnod lle mae'n dioddef o ddiffyg egni. Ar y diwrnod hwnnw, dydi o ddim yn gallu helpu ei arweinydd, nac ymosod, na gweithio'n effeithiol fel *domestique*. Felly, bydd yn aros o fewn y peloton, gan obeithio adennill ei egni a gorffen y cymal. Weithiau bydd un o'r arweinwyr yn dioddef *jour sans* ac efallai y bydd yn trio cuddio hyn drwy ffugio'i fod yn gryf.

Lanterne rouge

Yn hanesyddol roedd lamp goch – *lanterne rouge* yn Ffrangeg – ar gefn pob trên yn Ffrainc. Ond yn y byd beicio dyma deitl y beiciwr olaf yn y Tour de France. Mae gorffen yn olaf yn cael mwy o sylw na gorffen yn olaf ond un. Felly, bydd rhai beicwyr sydd heb unrhyw siawns o ennill y ras yn gwneud eu gorau i orffen yn olaf. Dydi hyn ddim mor hawdd ag mae'n swnio. Mae'n rhaid i'r beicwyr fynd yn araf, ond mae angen gwneud yn siŵr eu bod yn aros o fewn y terfyn amser. Gorffennodd Wim Vansevenant yn olaf yn y Tour de France dair gwaith, yn 2006, 2007 a 2008.

Peloton

Y grŵp mawr o feicwyr sy'n ffurfio yn ystod pob ras ydi'r peloton. Bydd beicwyr yn arbed eu hegni drwy reidio yn agos at feicwyr eraill neu tu ôl iddyn nhw. Gall beicwyr yng nghanol peloton ddefnyddio 40 y cant yn llai o egni na beiciwr unigol ar y tu blaen. Ar ôl cymryd tro ar flaen y peloton, bydd beiciwr yn symud yn ôl i ganol y beicwyr i gael ei wynt ato.

Puncheur / rouleur

Dyma'r beicwyr sy'n gallu reidio'n dda iawn dros

elltydd byrion. Fel arfer, mae'r *puncheur* yn effeithiol iawn ar gyrsiau rasys undydd sy'n cynnwys bryniau serth iawn. Mae *rouleur* yn fwy effeithiol dros elltydd sydd heb fod yn rhy serth.

Queen stage

Dyma derm sy'n cael ei ddefnyddio'n aml yn ddiweddar. *Queen stage* yw'r diwrnod sy'n cynnwys y copa uchaf mewn ras gymalau. Fel arfer, hwn ydi'r diwrnod sy'n cael y dylanwad mwyaf ar ganlyniad y ras.

Voiture-balai

Dyma'r cerbyd sy'n dilyn beiciwr olaf pob ras er mwyn cynnig cefnogaeth. Ystyr y term ydi cerbyd ysgubo (*broom wagon*), hynny yw, cerbyd sy'n ysgubo'r beicwyr a gwympodd yn y ras. Weithiau bydd brwsh wedi'i osod ar ochr y cerbyd fel jôc. Dydi pob beiciwr ddim wedi mynd heibio nes byddwch chi wedi gweld y *voiture-balai*.

12

Y gyfrinach

UN TERM A DDYSGAIS yn fuan ar ôl symud i'r gogledd i fyw oedd "mynadd'. Mae'n dod o'r gair 'amynedd', ond yn ardal Caernarfon mae'n cael ei ddefnyddio gan rywun sydd heb egni nac awydd gwneud unrhyw beth.

Doedd gen i ddim 'mynadd bore 'ma. Mae'n ganol mis Rhagfyr, yn dywyll, yn oer ac yn wlyb. Aeth hi'n noson hwyr neithiwr gyda digon o fwyd a mwy na digon o win. Fel arfer, yn y gaeaf bydda i'n ennill pwysau yn hawdd. Rydw i wedi ennill stôn o bwysau ers mis Medi, a byddai wedi bod yn hawdd iawn eistedd o flaen y tân gyda phaned a bisged siocled.

Mae angen 'mynadd i feicio. Mae 'na gymaint o esgusodion dros beidio â mynd. Y bore 'ma roedd angen ffeindio a gwisgo 19 eitem o ddillad. Roedd gen i bâr o esgidiau, pedair hosan, gorchuddion esgidiau wedi eu gwneud o Neoprene, trowsus, trowsus byr, dau grys, siaced, a dwy faneg. Roeddwn i'n gwisgo sgarff denau am fy ngwddf, cap a helmed am fy mhen. Roedd gen i hefyd strap sy'n monitro cyflymdra'r galon, a sbectol haul.

Ac allan â fi ar y beic mynydd. Mae'n well gen

i fynd ar gefn y beic mynydd yn y gaeaf am fod y ffyrdd yn wlyb ac yn fudur. Dwi ddim yn hoff iawn o feicio mewn traffig yng nghanol tywydd mawr. Mae sŵn y ceir yn uwch ar y ffyrdd trwm a dydi gyrwyr ddim yn gweld cystal drwy ffenestri wedi stemio.

Felly, ar gefn y beic roeddwn i, heb ddim 'mynadd o gwbwl. Ond y munud y dechreuodd yr olwynion droi o dan bwysau fy nghoesau roeddwn i'n teimlo'n well. Ac ar ôl chwe munud a deg eiliad, pan gyrhaeddais gopa'r allt serth sy'n agos i'm cartref, roeddwn i'n dechrau anadlu. Roedd yr aer ffres yn cyrraedd fy ysgyfaint a 'mhen i'n dechrau clirio.

Ar ôl rhyw awr roeddwn i wir yn mwynhau fy hun. Ac ar ôl tair awr o feicio, cyrhaeddais adref yn teimlo bod popeth yn iawn yn y byd. Roeddwn i'n gallu teimlo'r ymdrech yn fy nghoesau, y galon yn curo'n gynt, ac roedd teimlad iach yn llifo drwy fy nghorff. Mae'n bwysig cofio'r teimlad yna, a dydw i erioed wedi difaru mynd am reid ar ôl cyrraedd adref. Erioed. Rydw i wedi beicio tua 15,000 o filltiroedd ers fy salwch ac mae pob un filltir wedi bod yn werth y drafferth. Mae'n rhaid defnyddio'r cof er mwyn ffeindio'r 'mynadd.

Mae llawer o bobl wedi gofyn i fi beth ydi'r gyfrinach. Sut mae colli saith stôn wrth feicio? Fedra i ddim rhoi cyngor sut i fynd yn fwy cyflym neu yn bellach, neu sut i ddatblygu sgiliau beicio.

Ond rydw i'n gwybod beth ydi'r gyfrinach i golli pwysau.

Beicio mwy a bwyta llai = colli pwysau.

Mae mor syml â hynny. Ond mae'n bwysig eich bod chi'n mwynhau. Efallai eich bod chi'n mwynhau ymarfer yn galed am oriau, neu ddim ond yn mynd am dro bach gyda'r plant am hanner awr. Does dim ots beth rydych chi'n ei wneud na beth ydi eich safon, mae'r gyfrinach i fod yn fwy iach, a dod yn feiciwr gwell, yn cynnwys tri gair un sillaf:

Ar Dy Feic.

Dyddiadau'r tymor rasio

Ionawr
Tour Down Under

Mawrth
Paris–Nice
Tirreno–Adriatico
Milano–Sanremo
Volta Ciclista a Catalunya
E3 Harelbeke
Gent–Wevelgem

Ebrill
Ronde van Vlaanderen / Tour des Flandres
Vuelta Ciclista al Pais Vasco
Paris–Roubaix
Amstel Gold Race
La Flèche Wallonne
Liège–Bastogne–Liège
Tour de Romandie

Mai
Giro d'Italia

Mehefin
Critérium du Dauphiné
Tour de Suisse

Gorffennaf
Tour de France

Awst
Clasica Ciclista San Sebastian
Tour de Pologne
Eneco Tour
Vuelta a España
Vattenfall Cyclassics
GP Ouest France – Plouay

Medi
Grand Prix Cycliste de Québec
Grand Prix Cycliste de Montréal
Tour of Britain

Hydref
Giro di Lombardia